Christine Kuhn

Leben erringen

Gedanken nach der Krebs-Diagnose

Impressum

Bibliografische Informationen der Deutschen Nationalbibliothek
Die Deutsche Nationalbibliothek verzeichnet diese Publikation in der Deutschen Nationalbibliografie; detaillierte bibliografische Daten sind im Internet über
http://dnb.d-nb.de abrufbar.

ISBN: 978-3-95894-104-5

E-Book-Herstellung: Open Publishing GmbH
Coverabb.: Shutterstock, Toria, Stockillustrationsnummer: 582962593

Inhaltsverzeichnis

Danksagung

Danken möchte ich jenen Menschen, die mich nun schon seit einigen Jahren begleiten, mir geduldig zuhören und mir im gemeinsamen Gespräch Schritte aufzeigen, wie ich die Felsen und Klippen des Lebens umschiffen kann.

Da ist mein Hausarzt, der mich auf seine väterliche Weise immer wieder geduldig getröstet, durch Gedanken gestärkt hat und mir mit warmherzigem Humor die Sonnenseiten und widersprüchliche Geheimnisse des Lebens aufgezeigt hat.

Da ist mein Therapeut, der mich nun schon seit dem Jahre 2004 begleitet und ohne dessen Hilfe ich sicher nicht mehr am Leben wäre. Er hat mir gezeigt, dass in meinem Leben andere Gesetze gelten und hat immer wieder mit grosser Geduld die Spreu vom Weizen getrennt.

Da ist mein Gynäkologe, der mir seit der ersten Minute der Behandlung mit grosser menschlicher Wärme begegnet ist und immer wieder ein offenes Ohr für viele schwierige Situationen in meinem Leben gehabt hat.

Da ist mein Onkologe von der Klinik Arlesheim und die pflegenden Fachkräfte, die mich begleitet haben von meiner Abwehr gegen das Leben bis hin zu der Tatsache, dass ich mich für das Leben entschieden habe. Trotz dieser Veränderung meiner Sichtweise ergeben sich immer wieder sehr warmherzige Gespräche. Meinem Onkologen danke ich für seinen Humor, aber auch für seine tiefgründigen Hinweise und Erklärungen, die mir immer wieder meine Situation klar sehen helfen.

Dank sagen möchte ich auch meiner onkologischen Ärztin, die mich vom Unispital in ihre eigene Praxis übernommen hat. Von unserem ersten Gespräch an hat sie mir grosse Wertschätzung entgegen gebracht und mir zu verstehen gegeben, dass sie mich in meinem Anders-Sein mit Märchen erzählen, Gedichte rezitieren, dem Bedürfnis meine Seele in Worten zu formen, gerne begleiten würde. Sie begleitet mich mit Humor, menschlichem Interesse und grossem fachlichem Wissen

Da ist Thomas, mein Mann, der so viel Alltägliches für mich regelt. Gemeinsam besprechen wir die Belange der Kinder. Daneben danke ich ihm, dass er versucht, meine Welt zu verstehen und meine Gedichte in seiner Angehörigen-Selbsthilfe-Gruppe vorliest.

Danken möchte ich meinem Verleger, der mir die Möglichkeit gibt, meine Gedichte und meine Geschichte zu schreiben und sie an andere weiter zu geben.

Einleitung

Dieses Buch widme ich allen Menschen, die anders im Leben stehen als die grosse Masse und ihr Sein und Werden immer wieder mit grossem Kraft- und Energieaufwand erringen müssen.

Ich widme es allen Frauen, die sich einsam fühlen, weil ihre emotionalen Seelen-Räume keinen Platz haben und sie trotzdem in ihrer Seele überleben müssen.

Ich widme es auch allen Frauen, denen das Schicksal eine Türe des Lebens zugeschlagen hat. Ich möchte sie ermutigen, ihr So-Sein zu leben und für ihre stummen Schreie kreative Wege zu finden, um sich zu befreien und nicht qualvoll innerlich zu ersticken, weil sie sich getrieben fühlen, ihre Emotionen zu verleugnen.

Ich widme es Menschen, die zarte Antennen in ihren Seelen spüren und wünsche ihnen Momente, in denen ihnen eine höhere Kraft die Geheimnisse des Lebens aufzeigt und ihnen hilft, innere Kontinente zu entdecken, die ihnen ein Leben eröffnen, in dem sie befreit atmen können – vielleicht nur für Momente.

Als ich mein erstes Buch „Leben mit Psychose“ veröffentlicht habe, habe ich von mehreren Menschen erfahren, dass Thomas in diesem Erlebnisbericht ziemlich schlecht weg gekommen ist. Das war natürlich keine Absicht und es tut mir sehr leid. Thomas ist ja derjenige, der als bodenständiger Teil verlässlich in allen Belangen der handelnde Teil ist. Ausserdem sucht er in Telefongesprächen immer wieder Klärung bei Ämtern oder bei zuständigen Fachpersonen und gemeinsam versuchen wir, die Spreu vom Weizen zu trennen.

Dafür danke ich ihm sehr.

Ein Knoten in der linken Brust

Im Jahre 2007 fand ich eines Tages einen Knoten in der linken Brust. Im ersten Augenblick erschrak ich und wusste nicht, was ich tun sollte. Ich blieb für mehrere Tage in einer Apathie, ohne etwas zu unternehmen. Danach sagte mir eine innere Stimme, ich müsse handeln, etwas unternehmen, da ich eine Familie und damit Verantwortung habe.

Ich rief meinen Hausarzt an und bat ihn um die Telefonnummer eines Gynäkologen. Ich erhielt einen Termin und der Gynäkologe bestätigte den Knoten und nahm eine Gewebeprobe ab. Zu dieser Zeit war es mir noch nicht klar, dass in meiner linken Brust Krebszellen sein könnten. Beim zweiten Termin bestätigte der Gynäkologe, dass in der Gewebeprobe Krebszellen vorhanden waren. Ich nahm diese Nachricht wie im Traum wahr. In dieser Sprechstunde erzählte mir der Gynäkologe von einem anthroposophischen Spital in der Ostschweiz. Er sagte immer wieder, dass bald operiert werden müsse, da diese Krebszellen wie eine Uhr tickten und die Zellen bald entfernt werden müssten. Ich entschied mich für dieses Spital in der Ostschweiz und innerhalb von zwei Wochen fand die Operation statt.

Die Zeit bis zur Operation war angefüllt mit sehr besorgten Telefonaten mit meinen Schwestern und meinen Eltern.

Ich war damals seit drei Jahren in der Kreativwerkstatt des Bürgerspital Basel. Dort arbeite ich heute noch an einem geschützten Arbeitsplatz. Für mich ist diese Werkstatt ein besonderer Ort, da ich die Möglichkeit habe, mich in freien künstlerischen Arbeiten auszudrücken. Hier konnte der Umstand meiner Krebserkrankung verbalisiert werden. Das Thema meiner Todessehnsucht kam natürlich sehr zum Tragen. Die Tatsache, dass ich in Narkose operiert werden sollte, liess die Sehnsucht wieder gross werden, vielleicht diesmal einen Herzstillstand zu bekommen und ins Jenseits hinüber gleiten zu dürfen. Für meine damalige Bezugsperson war es wichtig, dass ich immer wieder darüber sprechen konnte. Alle Mitarbeitenden des Teams wussten natürlich über meine Diagnose Bescheid und waren sehr besorgt. In

den ersten Tagen ging ich strahlend durch die Werkstatt. Die Sehnsucht, vom Leben vielleicht erlöst zu werden, liess mich in einer unglaublichen Euphorie durch die Räume gehen. Diese hielt so lange an, bis eine Betreuerin mir sehr klar zu verstehen gab, dass die Ärzte alles Menschenmögliche tun würden, damit ich die Operation überlebe.
Schlagartig war die Euphorie vorbei und das Stimmungsbarometer veränderte sich. Ich ging ab diesem Zeitpunkt weinend durch die Werkstatt. Wahrscheinlich würde ich weiter leben müssen – ohne Aussicht auf Erlösung.

Als Thomas von den Krebszellen in meiner linken Brust erfuhr, war er erschüttert. Er dachte sich, das könne doch nicht wahr sein, dass ich neben der psychischen Beeinträchtigung der Schizophrenie, die 2004 diagnostiziert wurde, nun auch noch die Krebserkrankung hatte. Er fühlte sich hilflos. An einem Sonntag, als er im Chor in der Kirche ein Lied von Mendelssohn-Bartholdy sang, waren im Text Worte, die ihn sehr berührten:
„Denn er hat seinen Engeln befohlen, dass er Dich auf allen Deinen Wegen behüte."

Als Thomas diesen Text sang, da wusste er, dass schon alles so kommen würde, wie es müsse. Er war erleichtert.

Als ich im Spital in der Ostschweiz ankam, hatte ich ein Aufnahmegespräch, in dem ich völlig in meine Todessehnsucht fiel. Ich gestand der Ärztin, dass ich eigentlich nur noch auf Erlösung durch den Tod wartete. Ich erhielt in diesen Tagen neben Eurythmie auch noch Zeichnen mit Kohlestift. Der Eurythmistin hatte ich ebenfalls von meiner Todessehnsucht erzählt. Sie fragte mich, ob ich Kinder habe. Als ich dies bejahte, sagte sie: „Todessehnsucht verboten". Sie stellte mich vor reale Tatsachen. Dieser Satz war wie ein Schlag in mein Gesicht. Vor der Operation kam die Eurythmistin am frühen Morgen in mein Zimmer und stimmte mich mit sphärischen Übungen für die Operation ein.

Nach der Operation erinnerte ich mich an die sehr mitfühlenden Telefonate meiner Schwestern und Eltern und rief sie an, um mich für ihre guten Worte zu bedanken.
Da mein Therapeut, der mich schon seit 2004

begleitet, in der anthroposophischen Klinik Arlesheim in Basel-Land arbeitet, wollte ich die Nachpflege natürlich in dieser Klinik haben. Manche Pflegende konnten meinen Wunsch nicht verstehen und eine Pflegekraft sagte kurz vor der Fahrt zurück nach Arlesheim: „So viel schlechter als in der Klinik Arlesheim werden wir ja auch nicht sein.“ Dieser Konkurrenzkampf erstaunte mich sehr.

Natürlich wurde ich auch gefragt, welche Therapie ich nun weiter wegen meiner Krebserkrankung machen wollte. Zur Auswahl standen Chemotherapie, Bestrahlung oder Hormontherapie. Ausserdem sollte ich mir selbst Iscador spritzen. Ich entschied mich für die Hormontherapie. Ich ahnte damals nicht, welch anstrengende Nebenwirkungen diese Therapie mit sich bringen würde.

Verloren ohne klare Strukturen

In der ersten Zeit der Nachpflege in der Klinik Arlesheim war ich auf einer Station, die grosse Selbständigkeit voraussetzte. Feste Zeiten gab es nur fürs Frühstück, Visite, Mittagessen, Abendessen. Ich war in einem Einzelzimmer und mir wurde immer wieder bewusst, dass ich zwischen diesen klaren Zeiten in eine innere Leere fiel. Ich fühlte mich damals wie ausgeliefert. Der Vormittag, der Nachmittag lag wie ein unsichtbarer Berg vor mir und ich spürte, dass es mir sehr schwer fiel, diesen ganzen Tag zu gestalten. Ich kann mich noch erinnern, dass ich mich die meiste Zeit mit Wortsuchrätseln beschäftigte. Es gab und gibt bei der Klinik einen angelegten Garten mit Liegestühlen und Bänken. Ich schritt immer wieder die Wege ab. Ich beachtete nicht die Blumen oder die Bäume, sondern es war eher eine Abwechslung in dem Bemühen, die Zeit auszufüllen. Eines Tages sollten wir Formen zeichnen genannt und ich bat eine Pflegende um Unterlagen. Als ich von einer Therapie zurück kam, lag ein Blatt auf meinem Bett. Ich zog die Linien nach und spürte, wie das reine Nachziehen beruhigte.

Trotz dieser neuen Formen fiel ich immer mehr zwischen die Maschen. Eines Tages teilte mir mein Therapeut mit, dass ich verlegt werden sollte. Es war allen aufgefallen, dass ich nicht fähig war, die Zeit so zu gestalten, dass es mir wohl dabei war. Ich fühlte mich bedrängt, ich litt darunter, dass ich keinen Bezug zum Leben hatte. Irgendwie realisierte ich gar nicht, warum der Transfer zu einer Abteilung, die als psychiatrisch galt, so schnell gehen sollte.

Anfangs teilte ich das Zimmer in dieser neuen Abteilung mit einer Mitpatientin. Hier gab es klarere Strukturen. Es gab Gesprächsrunden, mehrere Therapien und immer wieder die Gespräche mit meinem Therapeuten. Kaum war ich in der neuen Station angekommen, entschied ich mich , in der Gesprächsrunde mitzumachen. Ich spürte, wie schwer es mir fiel, meine Meinung nach aussen zu vertreten. Ich spürte meine eigene Person in mir nicht.

Natürlich wurde auch das Thema angesprochen, was ich mit der Zeit anfangen, wie ich mich mit meinem Schicksal versöhnen sollte. Es war für mich eine klare

Tatsache, dass ich das Leben als Qual empfand. Ich musste leben, ob ich wollte oder nicht. Auf der Welt sein müssen und dies doch als so fremd empfinden und sich ausgeliefert fühlen. Ich erinnere mich daran, dass mein Therapeut mir immer wieder bei den Gesprächen sagte, in meinem Zimmer könnte es wärmer sein. Offensichtlich hatte ich die Heizung zu wenig aufgedreht und alle ausser mir merkten, dass es in meinem Zimmer recht kühl war. Damals hatte ich mich auch noch nicht für das Leben erwärmt.

Unter den Patienten gab es gemeinsame Essenszeiten. Ich war zwar in diesem gemeinsamen Raum anwesend, aber ich sprach am Anfang nicht mit den anderen. Ich fand es unglaublich schwierig, wie ich meine Person nach aussen hin zeigen sollte. Was machte meine Person aus? Immer wieder packte mich, wenn ich im Zimmer allein war, ein Weinkrampf.

Neue Medien erwärmen und beflügeln die Seele

Eines Tages empfahl mir mein Therapeut, doch ein Gedicht zu rezitieren. Meine Wahl fiel auf die Ballade von Goethe „Der Fischer". Ich kann mich noch erinnern, dass es immer lange dauerte, einen Vorschlag wirklich in die Realität umzusetzen. Was würde passieren, wenn ich den Rat eines anderen Menschen verwirklichte? Wäre ich dann fremd bestimmt? Ich betrat damit einen neuen Raum, den ich erst kennen lernen musste.
Eines Tages schaffte ich es doch und schrieb die Ballade ab. Schon das Abschreiben war für mich ein Gewinn. Ich spürte die Worte und deren Rhythmus sowie die Bilder, die in mir eine schöne Stimmung erzeugten.

Auch das Formenzeichnen begann ich bewusst und intensiv. Bevor ich verlegt worden war, hatte ich ja schon angefangen, diese Figuren nachzuzeichnen. Es gab mehrere Hefte – je nach Schwierigkeitsgrad. Ich bat die für mich zuständige Pflegekraft um das erste

Heft und war nun täglich damit beschäftigt, die einzelnen Formen nachzuzeichnen. Ein Zeichen, das sicher einige kennen, ist die liegende Acht. Für mich war und ist dieses Zeichen die Verbindung zwischen dem Menschen und der höheren Kraft, die nie abreisst und deshalb immer vorhanden ist. Das zu erkennen, gab mir damals und gibt mir noch heute Vertrauen. Es gab noch weitere Schmuckstücke, die ich täglich übte. Dieses tägliche Versenken liess jedesmal ein Gespräch mit der höheren Kraft entstehen. Es gab mir Sicherheit und ich hatte das innere Gefühl, beschenkt worden zu sein.

Zu dieser Zeit hatte ich als Therapien Heileurythmie und Malen. Im Malen stellte ich mich vor eine grosse grüne Tafel und versuchte, Formen zu zeichnen. Dies wurde aber erschwert, denn der Therapeut stand immer hinter mir und schaute mir zu und ich fühlte mich beobachtet. Dies verhängte einen negativen Bann über mich und ich fühlte mich blockiert. Das hatte zur Folge, dass mir der Therapeut immer wieder die Formen vorzeichnen musste. Eines Tages war der Therapeut mit einer anderen Patientin im Gespräch und ich schaffte es zum ersten Mal, selbständig eine

Form zu zeichnen. Der Therapeut war unauffällig hinter mir, da das Gespräch vorbei war, ohne dass ich es merkte. Er freute sich sehr, dass ich von mir aus eine Form gezeichnet hatte.
Es war für mich eigenartig, dass ich im Zimmer ohne Schwierigkeiten eine Form zeichnen konnte und im Therapieraum dies nicht möglich war. Ich glaube, dass mich die Anwesenheit eines Menschen, der mich beobachtete, so stresste, dass ich mich bedrängt und eingeengt fühlte.
Ab diesem Moment, als ich von mir aus selber an der Tafel die Formen zeichnete, fühlte ich um mich herum einen schützenden Raum, in dem ich für mich zeichnete und in mir selber das Vertrauen spürte, dass mir die Formen auch gelangen.

Das Formenzeichnen ist für mich ein rätselhaftes, magisches Geheimnis. Wenn ich eine Form nachzog, die mich berührte und dies über mehrere Minuten machte, spürte ich, wie eine höhere Kraft zu mir sprach. Ich öffnete so quasi eine Türe und betrat einen unsichtbaren Raum. Manche Formen sprachen von der Einheit des irdischen und des überirdischen Seins und trösteten mich unsagbar.

Eines Morgens, als ein Arzt zu mir zum Gespräch kommen wollte und ich gerade auf dem Weg in die Heileurythmie war, fühlte ich mich so einsam, so hilflos, so ausgeliefert, dass ich den Arzt bat, er möge in Gedanken bei mir sein. Da sagte dieser Arzt zu mir: „Sie sind niemals alleine“.

Die Grundfragen, die mich in dieser Zeit beschäftigten, war die Tatsache, wie ich mich durch das Leben getragen fühlte und wie ich mich als Mensch in mir fühlte und nach aussen zeigte. Grundlegend spürte ich in mir grosse Unsicherheit dem Leben und den Menschen gegenüber. Erschwert wurde dies natürlich dadurch, dass jeder Mensch, dem ich begegnete, eine andere Sichtweise auf das Leben hatte. Es war für mich unglaublich schwierig, meine Welt und meine Schwierigkeiten und Lebensfragen klar aus mir nach aussen zu tragen.

Ein Einzelzimmer schenkt mir neue Strukturen und lässt mich aufatmen

Ein anderes Geheimnis war für mich das Rezitieren von Gedichten oder Balladen. Ich habe ja schon erzählt, dass ich den „Fischer von Goethe“ abgeschrieben hatte. Nun las ich die Ballade immer wieder sehr aufmerksam durch und nahm die Bilder der Worte ganz in meine Seele auf. Ich merkte sehr bald, dass in mir eine ganz andere Stimmung entstand – rein durch die Bilder, die ich in mir bewegte. Ich sprach die Worte immer wieder leise in mir und dies erlebte ich jedesmal wie eine erfrischende innere Dusche. Es war für mich ein sehr positives Erlebnis, nicht nur das Ausgeliefertsein an das Leben zu spüren und nicht zu wissen, wie ich die Zeit gestalten sollte, sondern die Worte eines schönen Gedichtes in mir zu tragen.

Eines Tages wurde ich in ein Einzelzimmer verlegt. Zuerst wusste ich gar nicht, warum diese Verlegung wichtig sein konnte. Dieses Zimmer bot mir Schutz, mich aus meinem Inneren, meiner Intuition neu zu spüren. Ich zog regelmässig die Linien des Formenzeichnens und rezitierte die Ballade von Goethe. Mittlerweile hatte ich mir noch eine andere Ballade ausgesucht. Sie war wesentlich länger als jene von Goethe. Sie hiess „Die Bürgschaft“ und berührte mich durch die Dramatik, die sich gegen Ende der Ballade immer mehr aufbaute. Auch hier waren es Bilder, die mich gefangen nahmen. Ich konnte diese Bilder vor die Dämonen in meiner Seele stellen. Das gab in mir eine ganz andere Atmosphäre. Ich spürte nicht mehr nur das Bedrängtwerden durch den grossen Berg des Lebens, der vor mir stand. Nun sprachen Worte zu mir. Ich war dankbar dafür. Eines Tages entschloss ich mich, ein Radio in mein Zimmer mitzunehmen. Ich hörte schon am Morgen vor dem gemeinsamen Frühstück Klassik-Radio. Die Klarheit dieser klassischen Musik durchströmte mich. Dies war eine Art Geborgenheit, die mich durchströmte und mir gut tat.

Wenn ich zurück denke, dass ich, bevor ich verlegt wurde, vor allem Wortsuchrätseln machte, dann war diese Zuwendung zur Kunst doch ein riesiger

Fortschritt. Ich verband mich in verschiedenen Weisen mit der unsichtbaren Welt, mit der ich schon als Kind verbunden gewesen war. Ich erinnerte mich also eigentlich an die Wurzeln meines Lebens – an die Wesenheiten hinter den Dingen.

Als Kind lebte ich zwischen den Welten. Ich war schon damals Grenzgängerin. Ich erlebte die Welt schweigend und fand meine Gesprächspartner in Trauerweiden, im ewigen Licht in der Kirche, in der Ruhe auf den Friedhöfen, bei Mond und Sternen in der Nacht. Auch heute noch sprechen Mond und Sterne zu mir und ich empfinde die Nacht viel einfacher als den Tag. Es ist ein Geheimnis, das auch schon Dichter vor einigen Jahrhunderten kannten – wie z. B. Novalis. Er hat in seinen Hymnen an die Nacht genau das beschrieben, was ich in mir empfinde. Dort schreibt er „Warum muss nach jeder Nacht am morgen wieder diese Geschäftigkeit auf der Erde beginnen. Wieso muss diese Ruhe immer wieder durchbrochen werden“. Wie war es möglich, dass ein Dichter, der einige hundert Jahre früher gelebt hatte, genau das gleiche empfand wie ich heute.

Entscheidung für die unsichtbaren Welten

Ich weiss nicht mehr, wie lange ich auf der psychiatrischen Abteilung lag. Ich kann mich noch sehr gut erinnern, dass ich die Ballade mit der Zeit wirklich verinnerlicht hatte und dass mir die Kombination mit dem Formenzeichnen innere Ruhe schenkte und immer wieder ein Lächeln auf meine Lippen zauberte. Ich kann mich noch an einen Tag erinnern, an dem ich mich entscheiden musste, ob ich diesen Weg der unsichtbaren Dinge gehen oder ob ich nach aussen gehen sollte. Ich fand in einem Gruppenraum ein Buch in einem Regal, wo es um eine Ausbildung ging. Ich weiss noch, wie ich dieses Buch in der Hand hielt und ich wie vor einer entscheidenden Gabelung stand. In den letzten Wochen hatte ich Medien in mein Leben aufgenommen, die von ihrer Wirkung her unsichtbar waren. Das Rezitieren von der Ballade liess eine innere Wärme in mir entstehen. Es war nicht die dunkle Kraft der Dämonen, die die Seele so anstrengte und es war auch nicht der riesige Berg des Lebens, der sich vor mir auftürmte. Bei den

Formenzeichnen war es diese Kraft, die in Bildern und Worten zu mir sprach. Dies strahlte in mir wie eine unglaubliche Kraft und schenkte mir immer wieder dankbares Staunen und Freude. Für mich war dieser innerliche Weg ein durchaus gangbarer Weg.

Eines Tages, als eine Pflegekraft im Zimmer war, sprach ich über dieses Ringen und plötzlich packte mich ein Weinkrampf, der meinen Körper erzittern liess. Mein Therapeut liess mir eine beruhigende Spritze verabreichen. In diesem Moment spürte ich, dass ich nun wie durch ein Nadelöhr hindurch gehen musste. Ich musste mich wirklich für meinen persönlichen Weg entscheiden. An einem anderen Tag sagte ich einer Pflegekraft: „Wenn ich nach meinem Leben drüben ankomme, dann hau ich zuerst meinem Schutzengel eine runter. Was meint denn der, mich auf so einem Weg zu begleiten". Am letzten Tag in der Klinik war jene Pflegekraft für mich zuständig, die mich am ersten Tag aufgenommen hatte. Sie sagte mir, dass ihr etwas sehr positiv aufgefallen wäre. Früher, als ich im anderen Zimmer war, musste sie immer eine Jacke anziehen, weil die Heizung zu wenig aufgedreht war. Nun am Tag der Entlassung bemerkte sie, dass der Raum schön warm war. Irgendwann hatte ich selber realisiert, dass die Temperatur zu kühl war und ich hatte für eine gemütliche Atmosphäre gesorgt.

Im Nachhinein war diese Zeit für mich sicher eine Herausforderung. Das Leben zwang mich, meine Stützen neu zu definieren, die Segel meines Schiffes neu zu hissen. Ich musste meinen ureigensten Weg aus mir selber heraus entdecken.

Wieder in der Werkstatt

Als ich wieder in der Werkstatt ankam, begrüsste mich eine Mitarbeiterin und sagte, sie habe sich Sorgen um mich gemacht. Ich war sehr erstaunt, dass sie dies mit solch einer Dramatik in der Stimme sagte. Meine Bezugsperson erklärte mir, dass die Diagnose Krebs für viele ein dunkles und schwieriges Thema sei. Kein Mensch in dieser Werkstatt wusste, welche geheimnisvollen unsichtbaren Welten ich in der Klinik entdeckt hatte. Dies hatte ich in meinem Einzelzimmer entdeckt und täglich geübt. Nun kam ich zurück an diesen Ort und war noch erfüllt von den bereichernden neuen Tätigkeiten.

Damals war ich in einer schwierigen Lebenssituation. Ich bin Mutter zweier Kinder. Mein Sohn wurde 1997 geboren, meine Tochter 2000. Die ersten Jahre mit meinem Sohn Johannes waren eine sehr schöne Zeit. Mit der Geburt meiner Tochter Rebecca rutschte ich in eine schwere Psychose, die mich in grosse Einsamkeit trieb und an den Rand des

Realitätsverlustes brachte. Mein Mann arbeitete damals Vollzeit und realisierte das grosse Leid, das meine Seele erfasste, nicht. 2002 wurde ich notfallmässig in die Psychiatrie in Liestal eingeliefert, wo ich acht Wochen blieb. Thomas musste damals Wege finden, wo die Kinder unter Tags und unter der Woche sein konnten. Er brachte sie zu seinen Eltern und fand dann ein Ehepaar in Basel-Land, wo die Kinder unter der Woche blieben und Thomas sie erst wieder am Wochenende abholte. Da ich in meiner Psychose nur mit meinen Stimmen gesprochen und mit meinen Kindern weder gespielt noch gesprochen oder gesungen habe, waren sie beide in ihrer Entwicklung weit zurück. Ich war in meiner Psychose nicht fähig gewesen, für meine Kinder als Mami da zu sein. Bei diesem Ehepaar blieben die Kinder zwei Monate.

Aber nun musste ein Ort gefunden werden, wo die Kinder unter der Woche sein konnten. In unserer Nähe gab es ein Tagesheim. Zuerst schnupperten die Kinder dort, dann gingen sie täglich aus und ein. Ich brachte die Kinder in das Tagesheim und hatte danach meine tägliche Struktur in der Tagesklinik

Münchenstein. Eigentlich hatte ich keine Beziehung zu meinen Kindern, sie waren mir fremd. Erst nach und nach, mit dem langsamen Wiederannähern, sollte die Beziehung wieder wachsen.

Mit dem Eintritt in die Tagesklinik ging ich regelmässig zu einem Psychiater, der mich bis zum heutigen Tag begleitet.

Nach dieser Zeit begann die Wiedereingliederungsphase. Im Bürgerspital Basel wurde ich auf meine Fähigkeiten geprüft. Da ich während meiner Zeit in der Tagesklinik Münchenstein die Gartenarbeit als wertvoll erlebt hatte, wurde diese auch in der Zeit der Wiedereingliederungsphase als Tätigkeit versucht: Ich sollte eine Schnupperlehre in einer Gärtnerei machen. Da ich die Atmosphäre der Serienarbeit nicht aushielt, lief ich nach drei Tagen davon. Ich war nicht fähig, mich auf diese klaren Tätigkeiten einzulassen, denn ich verlor mich immer wieder in den düsteren dämonischen Welten. Meine Aufgabe als Mutter überforderte mich enorm. In meiner Psychose hatte ich mich von allen Menschen abgewandt und war in grauenhafte Einsamkeit abgetaucht. Der Abbruch der Schnupperlehre brachte das Fass zum Überlaufen, denn die Menschen, die mir in dieser Lehre begegneten, gaben mir klar zu verstehen, dass sie so jemanden wie mich nicht brauchen konnten. Ich war nicht fähig, die Realität zu sehen und war auch nicht fähig, dies zu kommunizieren.

Damals hatte mich mein Therapeut krank geschrieben und nach zwei Wochen konnte ich in jener Werkstatt schnuppern, in der ich heute noch arbeite. Ich war ein sogenannter Notfall, denn die Psychose und die Wiedereingliederungsphase waren einfach zu viel für mich gewesen. Nach der Schnupperzeit wurde in einem Gespräch, in dem alle Menschen, die mich in der Wiedereingliederungsphase erlebt hatten, entschieden, dass ich ab diesem Zeitpunkt an einem geschützten Arbeitsplatz in der Kreativwerkstatt arbeiten sollte. Für mich war dies eine Befreiung. Mein Therapeut sagte mir damals, dass dies meine Rettung war.

Das grosse Leid, das sich in meiner Seele abspielte, war für meinen Mann nicht nachvollziehbar und er konnte es nicht verstehen, warum die Gärtnereilehre keine Zukunft hatte. Die Kinder bedrängten mich und ich spürte, dass die dunklen Mächte in meiner Seele so stark wurden, dass meine Kinder in Gefahr gerieten. Mein Sohn hatte dieses grosse Leid hautnah miterlebt und es grenzt an ein Wunder, dass er so ein sonniges Gemüt hat und seinen Weg so gut gefunden hat.

2004 hatte ich mir zum Schutz der Kinder eine eigene Wohnung genommmen und mich gerichtlich von meinem Mann getrennt. Mein Therapeut hatte dies in einem Paargespräch meinem Mann als einzig mögliche Lösung dargestellt. Der Richter fragte mich, wie oft ich meine Kinder besuchen wollte und ich entschied mich für einen Abstand von zwei Wochen. Darauf hin fragte mich der Richter, ob ich erschöpft sei und da erst merkte ich, wie mir die grauenhafte Zeit der Psychose die Energie geraubt hatte.

Im Jahre 2005 erhielt Thomas von seiner Schwester eine Anzeige aus einer Zeitung. Dabei ging es um die Einladung zu einer Selbsthilfegruppe von Angehörigen psychisch Beeinträchtigter. Die Angehörigen werden ja meist viel zu wenig beachtet. Thomas nahm die

Anzeige und ging schließlich zu der Selbsthilfegruppe. Da realisierte er zum ersten Mal meine Erkrankung. Es folgte ein Aha-Erlebnis nach dem anderen. Für Thomas war diese Möglichkeit des Austausches eine Erlösung. Durch diese Menschen fühlte er sich verstanden und stand nicht mehr hilflos meinem Sein und Werden gegenüber. Thomas ging sehr regelmässig zu dieser Gruppe und wurde eines Tages gefragt, ob er sich vorstellen könnte, der Gruppenbegleiter zu werden. Nun ist Thomas schon etliche Jahre Gruppenbegleiter und empfindet dies als eine grosse Bereicherung.

Auch für die Kinder wurde gesorgt. Es ergab sich, dass eine Frau gefunden wurde, die eine Gruppe für Kinder von psychisch kranken Eltern leitete. Dorthin gingen nun beide Kinder und fanden so Verständnis. Sie lernten dadurch auch ihre Sorgen zu verbalisieren.

Erst sieben Jahre später sollte ich wieder nach Muttenz ziehen. Eine unendlich lange Zeit. Soviel zu meiner Begleitgeschichte.

Der Knoten in meiner linken Brust wurde also drei

Jahre nach meinem Wegzug vom gemeinsamen Haus entdeckt. Damals war ich noch nicht dazu bereit, wieder zu meiner Familie zurück zu ziehen. Die Besuche bei meiner Familie hatte ich aber vermehrt. Es hatte sich ergeben, dass ich immer wieder in der zweiten Hälfte des ersten Jahres die Kinder hütete. Dies brauchte immer wieder unglaublichen Mut, hatten sich ja in diesem Haus die furchtbaren Momente der Psychose abgespielt. Es hatte sich ergeben, dass ich am Samstag oder Sonntag zu den Kindern kam. Dadurch entstand eine Wärme. War ich dann an manchen Wochenenden wieder für mich alleine in meiner eigenen Wohnung, fühlte ich mich seltsam leer. Am Silvester des ersten Jahres sagte ich Thomas, dass ich jeden Sonntag zu den Kindern kommen wollte.

Neben meinen Besuchen in Muttenz gab es natürlich auch in der Schule immer wieder Elternabende. Diese waren für mich enorm schwierig. Ich war Mutter und Thomas hatte meine spezielle Situation als psychisch kranke Person immer klar ausgesprochen. Gerade die Lehrerin von Johannes liess mich meine spezielle Situation immer wieder klar merken. Thomas war derjenige, der seine Anliegen vorbrachte, ich wurde nur milde angelächelt als wollten mir die Menschen zu verstehen geben – das ist also nun die psychisch kranke Mutter. Bei einem persönlichen Gespräch, wo nur wir eingeladen wurden – es war im Jahre 2007 – berichtete die Lehrerin über die extreme Langsamkeit unseres Sohnes. Da berichtete ich von der schweren Geburt – es war eine Schwangerschaftsvergiftung gewesen – und ich erzählte von der Zeit, als Johannes meine Psychose hautnah mit bekam. Da gingen der Lehrerin die Augen auf und sie entschied, dass Johannes in eine Schule kommen solle, die für seine Situation ideal war. So wurde die Christopherus-Schule ausgesucht. Diese Schule war eine Kleinform der Rudolf-Steiner-Schulen. Dieser Wechsel war ein Segen für unseren Sohn. Der Klassenlehrer war begeistert von seinem sonnigen Wesen. Ich erinnere mich noch an einen Besuch in Muttenz, wo Johannes ganz spontan in wunderbarem Knabensopran ein Lied über den heiligen Martin sang. Nach zwei Jahren auf dieser Schule kam Johannes wieder in eine Regelschule. Im Laufe der Schulbildung wurde immer klarer, dass er – im Falle einer Lehre – im geschützten Bereich sein musste. Johannes war schon als Kind unglaublich langsam und fiel immer wieder in traumhafte Zustände seiner inneren Welten. Vor allem hatte sich schon sehr früh ein Initialstottern entwickelt. Dies zeigte sich so, dass er auf der ersten Silbe hängenblieb und manchmal minutenlang das Wort nicht aussprechen konnte. Bei einer Abklärung Jahre später erzählte Johannes, dass meine Trennung von der Familie für ihn ein Schock gewesen war und er seit diesem Zeitpunkt stotterte. Diese Mitteilung war für mich ein Schock. Viele Jahre später fragte ich meinen Sohn, ob er mir noch böse sei, dass ich mich von der Familie getrennt hatte. Mein Sohn sagte, ich hätte mir sicher was dabei überlegt.

Ursprünglich wollte unser Sohn Bäcker werden. Er merkte aber, dass das Frühaufstehen, das unweigerlich mit diesem Beruf verbunden ist, nicht seine Stärke war. Deshalb entschied er sich für den Beruf des Kochs. Eine Klassenlehrerin setzte sich dafür ein, dass Johannes im „Weizenkorn“ eine Schnupperlehre machen konnte. Dieser Betrieb besteht aus mehreren Werkstätten im geschützten Bereich, die alle in Basel-Stadt und Basel-Land sind. Diese Lehrerin spürte, dass unser Sohn ansonsten unter alle Räder kommen würde. Johannes schnupperte in vier verschiedenen Bereichen. Dies waren Logistik, Hotelreinigung, Küche und Schreinerei. In Zwischengesprächen stellte sich heraus, dass Logistik und Hotelreinigung nicht in Frage kamen. Zur allgemeinen Überraschung war die Zeit in der Schreinerei für Johannes die beste Zeit. Er merkte von sich aus, dass diese Arbeit weit weniger stressig war als jene in der Küche. Bis zu diesem Zeitpunkt hatte Johannes einen Vorgesetzten, der mit seinem Wesen gut umgehen konnte und auch den nötigen Humor und das nötige Verständnis mitbrachte. Die Zeit in der Schreinerei wurde verlängert. Dadurch erhielt unser Sohn einen neuen Vorgesetzten. Bei einer Abklärung, die vor dieser Schnupperzeit stattfand, war ein Verdacht auf Autismus ausgesprochen worden. Dies zeigte sich bei unserem Sohn sehr drastisch. Er schaffte es nicht, rechtzeitig aufzustehen. Dieser Vorgesetzte konnte mit dem Zuspätkommen von Johannes nicht umgehen. Er hatte versucht, mit ihm einen Plan für den Morgen zu erstellen, doch dies klappte leider nicht. Durch eine Bekannte begann unser Sohn sich für seine mögliche Diagnose zu interessieren und veranlasste aus eigenen Schritten eine Abklärung, die auch gemacht wurde.

Wir wurden zum Schlussgespräch eingeladen. Dieses kreuzte sich mit der unfassbaren Tatsache, dass der Vorgesetzte der Schreinerei unserem Sohn zu verstehen gab, dass er sich eine weitere Zusammenarbeit nicht vorstellen konnte. Trotz dem Verdacht auf Autismus hatte dieser Vorgesetzte keine Aussprache mit einer Fachperson angesetzt. Johannes war damals unter anderem in eine Computersucht gerutscht. Dadurch hatte er natürlich zu wenig Schlaf und war nicht fähig, die Arbeit am Tag konzentriert zu erledigen. Die Absage des Vorgesetzten riss ihn in eine tiefe Krise und beim Abschlussgespräch meinte er, er würde am liebsten sein Leben beenden. Aus eigenen Stücken entschloss er sich für den Eintritt in die Psychiatrie Basel-Land. Dies war seine Rettung. Er erhielt dort Besuch von jener Frau, die ihn über viele Jahre kreativ-therapeutisch begleitet hatte. Johannes begann zu töpfern, zu musizieren und ich erlebte ihn seit diesem bewegenden Abschlussgespräch als Gleichgesinnten.

Durch eine Bekannte wurde er auf einen Betrieb in Gempen oberhalb von Dornach aufmerksam gemacht, der Sonnhalde heisst. Dieser Betrieb besteht aus geschützten Werkstätten und ist nach dem anthroposophischen Weltbild aufgebaut. Dort schnupperte er in der Töpferei und in der Landwirtschaft. Er spürte, dass er in der Töpferei immer mit allen im gleichen Raum sass, in der Landwirtschaft aber immer wieder für sich alleine arbeiten konnte. Er entschied sich für die Landwirtschaft. Damit hatte sich auf wunderbare Weise ein Kreis geschlossen, da unser Sohn schon als kleines Kind eine ganz tiefe Beziehung zur Natur hatte. Das Aussergewöhnliche ist, dass Johannes von sich aus in diesen Betrieb ging, den Vorgesetzten verlangte und erzählte, welche Diagnose er habe und fragte, ob er in diesem Betrieb arbeiten könne. Noch nie davor hatte sich ein Jugendlicher ohne die Begleitung der Eltern in diesem Betrieb vorgestellt. Schon in der Schnupperwoche wollte Johannes von allen Pflanzen die lateinischen Namen wissen und alle Mitarbeitenden waren begeistert von ihm.

Doch nun zurück zu meiner Annäherung an meine Familie. Die Besuche in Muttenz häuften sich im Laufe der sieben Jahre. Es war eine positive Entwicklung und ich spürte, dass die düstere, beängstigende Atmosphäre der Dämonen sich verwandelte. Das

gemeinsame Spielen mit Thomas und den Kindern bei meinen Besuchen hatte eine gegenseitige Annäherung bewirkt und die Kinder stritten sich immer wieder, wer mir die Türe aufmachen durfte, wenn ich zu den Besuchen kam.
Es war aber auch ein Zustand der Zerrissenheit, denn ich war nirgends wirklich zu Hause. Die Werkstatt bot mir die wichtige tägliche Struktur. Daneben pendelte ich zwischen dem gemeinsamen Haus und meiner eigenen Wohnung hin und her.
Dann ergab es sich, dass mein Sohn einen Menschen brauchte, der mit ihm gemeinsam lernte und ihm bei den Aufgaben half. Thomas wurde durch eine Arbeitskollegin darauf gebracht, dass ich diese Rolle übernehmen könnte. Nach der ersten Schrecksekunde, ob dies wirklich gut gehen könne, versuchte ich diesen Schritt. Durch meine Intuition erreichte ich, Johannes mit seinem Wesen auf mich zukommen zu lassen und dann die gute Kraft wirken zu lassen. Ich überraschte ihn immer wieder mit Ingwerkonfekt, denn ich ahnte, dass er dies gern hatte. Auch dieser Schritt war eine gute Entwicklung.
Nach mehreren Wochen aber fand es meine Tochter unfair, dass ihr Bruder Mami für sich hatte und sie

nicht. So wurde ich von Thomas gebeten, doch am Freitag Nachmittag für meine Tochter da zu sein. Jeder dieser Schritte der Annäherung war eine unglaubliche Herausforderung. Immer wieder fühlte ich mich auf dem Hochseil und wusste nicht, ob die gute Kraft mich durch diese Augenblicke hindurch tragen würde. Aber sie trug mich und ich atmete immer wieder erleichtert auf.
Zur Zeit, als der Knoten in der Brust entdeckt wurde, hatte sich ein klarer Rhythmus in Muttenz ergeben. Ich übernachtete inzwischen von Dienstag auf Mittwoch sowie von Freitag bis Sonntag in Muttenz. Dieser Rhythmus bestand für lange Zeit, wobei ich nicht mehr genau sagen kann, wie lange Zeit dies war. Ich war jedenfalls weder in meiner eigenen Wohnung noch in Muttenz bei Thomas und den Kindern ganz da. Ich spürte immer wieder eine innerliche Unruhe und Unzufriedenheit und versuchte mir doch zu sagen, dass dies irgendwie doch eine Lösung war.

Ich hatte mich als Nachbehandlung des operierten Knotens in der Brust für die Hormontherapie entschieden. Meine Empfindungen und Stimmungen wurden extrem verstärkt. Es konnte sein, dass ich zuerst lachte und kurz danach in einen Weinkrampf ausbrach. Ich konnte mich in meinen Emotionen einfach nicht halten und wurde mitgerissen. Es fühlte sich an wie aufgewühlte Wellen im Meer inmitten eines Sturms. Die Hormontherapie bewirkte aber auch, dass ich immer wieder Hitzewallungen in mir spürte.

Nachkontroll-Termine beim Gynäkologen

Nach der Operation begannen in regelmässigen Abständen die Nachkontroll-Termine. Mein Gynäkologe tastete die Narbe der Operation und die rechte Brust ab. In regelmässigen Abständen gab es eine Blutabnahme und einen Abstrich in der Scheide. Bei den Kontrollen war auch immer die Frage, wie ich die Hormontherapie vertrug. Am Anfang sagte ich, dass mir immer schön warm sei, wenn die anderen frieren würden. Der Gynäkologe interessierte sich bei jeder Kontrolle auch sehr für meine Lebenssituation. Er nahm grossen Anteil an der Trennung von meiner Familie und meiner psychischen Beeinträchtigung der Schizophrenie.

Der dichte Teppich, der sich in mir durch das regelmässige Rezitieren und das Formenzeichnen während dem Aufenthalt in der Klinik gebildet hatte, löste sich mit der Zeit ein wenig auf. In der Klinik war natürlich eine andere Atmosphäre gewesen als in der Werkstatt, in Muttenz oder in meiner eigenen

Wohnung. Als ich merkte, dass mich die Emotionen unglaublich mitnahmen, bat ich meinen Gynäkologen mir doch Tabletten zu geben, die mich innerlich stabilisieren würden. Er verschrieb mir wirklich Tabletten, die stabilisierend auf den Kreislauf wirkten und ein sogenanntes „Schlehenelexier“, das die Lebenskraft stärken sollte. Ich musste mir vor allem selber montags, mittwochs und freitags Iscador spritzen. Dies tue ich auch noch heute.

Ich hatte in der Klinik Arlesheim zwar die Segel neu gehisst, aber es war eine tägliche schwierige Aufgabe, die Oasen, die ich entdeckt hatte, zu stärken. Ich entdeckte bei den Nachkontrollen, dass die Freude des Gynäkologen über gute Befunde für mich schwierig war. In mir war keine Freude. Die Ritzen der Todessehnsucht zeigten sich immer wieder. Die dunklen und schwierigen Momente mit den Kindern, die es trotz der gegenseitigen Annäherung immer wieder gab und die vielen Menschen in der Werkstatt bedrängten mich zusehends und die Dämonen drangen vermehrt auf mich ein. Mein Gynäkologe war immer in seiner grandiosen menschlichen Art an meinem Sein und Werden interessiert. Er strahlte mir grosse Wärme entgegen und war natürlich, wie alle Ärzte, darauf bedacht, dass alles bei den Nachkontrollen in Ordnung war. Jedesmal hatte ich das Gefühl einer verdrehten Welt.

Bei einer der nächsten Kontrollen fing ich an, meinem Gynäkologen meine innere Stimmung ohne Verschönerung zu erzählen. Ich sagte ihm klar, dass das Leben für mich eine Qual sei. Mein Gynäkologe war über diese Aussage sehr erstaunt, hatte ich bisher immer wieder gesagt, dass mir schön warm sei, wenn andere frieren würden. Für mich war es aber wie eine grosse Befreiung und eine unbedingte Notwendigkeit, ehrlich zu sein.

Ich empfand bei den Nachkontrollen oft diesen mysteriösen Gegensatz: Mein Körper war gesund, meine Seele aber wollte nicht mehr auf dieser Welt leben. Ich empfand es so, als wäre es der geistigen Welt egal, ob und wie ich auf dieser Erde lebte. Ich hatte mir dieses Leben selber ausgesucht und nun musste ich dies auch gefälligst leben. Genau dies fühlte ich in mir bei jeder Kontrolle. Was sollte mein Gynäkologe auch zu diesen Gedanken sagen? Er gab mir immer wieder zu bedenken, dass meine Kinder und mein Mann mich sicher noch bräuchten und das Leben mit mir noch etwas vor habe. Ich hätte so gerne erlebt, dass er für mich eine Türe organisierte, die in das Jenseits führte. Leider war er ganz auf das Diesseits orientiert. Die verschiedensten Ebenen des Alltags hatten die unsichtbaren Welten, die ich in der Klinik während der Nachpflege aufgebaut hatte, etwas zerrissen und ich fand es oft unglaublich schwierig, diese Ebene in mir wieder lebendig werden zu lassen. Für kurze Phasen schaffte ich es immer wieder.

Mein Therapeut hatte mir ziemlich am Anfang seiner Begleitung auf meinen Weg mit gegeben, dass in meinem Fall mit meiner psychischen Erkrankung andere Gesetze gelten würden. Er hatte mir auch aufgezeigt, dass ich aus der unsichtbaren Welten heraus lebte. Diese Welten waren in der Kreativität, in der Kunst, der Musik, dem Formenzeichnen oder dem Rezitieren von Gedichten vorhanden. Ich lebte also ein Leben, das mit jenem alltäglichen Leben, das ich täglich erlebte, nicht viel zu tun hatte. Deshalb war ich ja in dieser Werkstatt an einem geschützten Arbeitsplatz und lebte von der IV-Rente.

Ich erinnere mich an einen Augenblick. Der Alltag hatte mich wieder in seinen Klauen und das Leben rann so mit den Gewohnheiten vor sich hin. Da schickte ich eines Tages einen Gedanken zu der höheren Kraft. „Schick mir doch eine schwere Krankheit, damit ich für das Leben kämpfen kann“. Mehrere Jahre später sollte ich realisieren, wie ernst mich die höhere Kraft genommen hatte.

Eines Tages schickte ich dem Gynäkologen das Gedichtbüchlein „Zwischen zwei Augenblicken“, das ich zusammen mit einem Fotografen gemacht hatte, der einen Kleinverlag hatte und das Bändchen sehr handlich und schön gestaltete. Bei der nächsten Kontrolle fragte mich der Gynäkologe, ob mir das Leben zu viel sei. Ich glaube, er hatte mich durch die Gedichte, die meine meist existentielle Haltung darstellten, von einer anderen Seite zu sehen begonnen.

Einsamkeit als Eremitin

Ausserhalb der Zeit, die ich in der Werkstatt oder in Muttenz verbrachte, war ich Eremitin. In meiner Wohnung in Basel raffte ich mich immer wieder zu Spaziergängen am Rhein auf. Ansonsten verbrachte ich die Freizeit in grosser Einsamkeit. Ich sehnte mich sehr nach dem Austausch mit Gleichgesinnten. Das war aber gar nicht so einfach. Ich war nicht der Mensch, der sich gut verkaufen oder der sich unter Menschen wohl fühlte und ein Projekt auf die Füsse stellen konnte. Es gab zwar Projekte, bei denen ich dabei war, aber ich musste dazu von ausserhalb engagiert werden. Jemand musste mich kennen und mich fragen, ob ich Lust hätte, mit zu machen.
Wurde ich engagiert, dann konnten Wunder geschehen. Wenn nicht, dann sah ich mich eher als Zuschauerin des Lebens. Wenn mir dieser Umstand bewusst wurde, versank ich immer wieder in grosser Trauer. Sollte das alles sein, was das Leben für mich bereit hielt?

Einmal wurde ich für das Festival Wildwuchs – ein

Festival für beeinträchtigte Menschen engagiert. Dieses Festival wird alle zwei Jahre in verschiedenen Orten in Basel-Stadt und Basel-Land veranstaltet und dauert vierzehn Tage. Das Programm ist jedesmal dermassen dicht gedrängt, dass es ganz unmöglich ist alles zu besuchen. Dies zeigt aber auf, wieviel Botschaft diese beeinträchtigten Menschen nach aussen vermitteln wollen.

Ich spielte dort mit meiner Geige. Dies war aber nur möglich, weil eine Betreuerin der Werkstatt mich am Anfang meines Seins in der Werkstatt erlebt hatte, wie ich beim Spielen auf einer Trommel angefangen hatte zu tanzen. Sie hatte das Gefühl, dass mir Musik gut tun könnte. Die Leiterin der Musikgruppen, die einen ehemaligen Leiter ersetzt hatte, sah mich beim Festival auf der Geige spielen. Bis zu diesem Zeitpunkt war ich zwar in der Musikgruppe, war aber eher bei Klangstäben oder bei Perkussionsinstrumenten am Spielen. In der Vorbereitungszeit für dieses Festival war auch in junger Geiger dabei. Gemeinsam mit einem Musiker, der Bass spielte, improvisierten wir gemeinsam. Es waren auf- und absteigende Klangfarben, die sich an einander lehnten und sich auch mit einander vermischten. Es war ein ganz spezielles Berührt-werden im Augenblick. Die Musikerin, bei der ich im Bürgerspital in einer Gruppe spielte, motivierte mich, meine Geige mit zu nehmen und so ergaben sich in unserer Musikgruppe wunderbare gemeinsame Improvisationen oder auch solistische Einlagen auf meiner Geige.

Genau diese beiden Erfahrungen meine ich damit, dass mich jemand entdecken musste und mich sozusagen weiter empfahl oder weiter reichte. War das Projekt wieder fertig, klang es nach, aber dann war doch irgendwann wieder der Moment da, an dem ich merkte, dass die Einsamkeit mich wieder in der Hand hatte.

Eine ähnliche Parallele war für mich der Palaverloop. Dies war eine Veranstaltung in einem Lokal in Basel-Stadt, in dem behinderte und nicht behinderte Fachleute miteinander über wichtige Themen mit einander diskutierten. Es wurden Menschen eingeladen, die über das Leben mit ihrer Beeinträchtigung erzählten. Ich kannte viele dieser schwierigen Momente, über die gesprochen wurde. Leider verglich ich mich immer wieder mit diesen

Menschen, die da vorne sassen und schon bekannt waren. Ich hatte schon so viel geschrieben und doch hatte ich es noch nicht geschafft, öffentlich über mein Leben sprechen zu können. Ich war nicht ein Mensch, der sich verkaufen konnte. Mir fehlten die Kontaktpersonen. Es gab auch nirgends Hinweise, die Suchenden halfen, an die richtigen Menschen zu kommen, die ihnen weiter halfen.

Ich hatte ja in meiner Psychose schon ein Buch veröffentlicht mit dem Titel: „Wenn die Sterne vom Himmel fallen“. Eines Tages traf ich eine Frau, die meinen Namen hörte und mich fragte, ob ich dieses Buch geschrieben hatte. Als ich dies bejahte sagte sie mir, dass ich ihr durch meine Gedichte sehr geholfen hatte. Jener Fotograf, von dem ich oben erzählt habe – er hatte das Gedichtbändchen Zwischen zwei Augenblicken mit mir veröffentlicht - sagte mir eines Tages: „Wenn die Gedichte oder die Geschichten, die ich schrieb auch nur einem Menschen helfen, so hätte es sich gelohnt, dies veröffentlicht zu haben“.

Gemeinsam improvisieren und ein unerwarteter Auftritt

Doch ich möchte noch einmal zurück gehen zu der Musikgruppe des Wildwuchs Festivals. Der Geiger, der ausser mir bei dieser Gruppe dabei war, schlug mir vor, doch mit ihm und anderen Interessenten bei einer Improvisationsgruppe dabei zu sein. So lernte ich, einen musikalischen Raum zu betreten, bei dem ich nicht wusste, was daraus entstand. Es war eine wunderbare Zeit, ohne Worte – nur mit Klängen – gemeinsam zu sprechen.

Eines Tages sagte ich dem Geiger so nebenbei, dass ich gerne den Czardas von Vittorio Monti spielen würde. In der nächsten Stunde brachte er wirklich die Noten mit. Ich begann voller Begeisterung zu üben und Wochen später konnte ich dieses berühmte Musikstück vor Publikum spielen. Genau das waren die Wunder, die geschehen konnten, wenn ich eingeladen wurde, in einer Musikgruppe mit zu spielen. Mir fehlte dieses Selbstverständnis, so eine Gruppe zu gründen und sie anzuführen.

Zu diesem Zeitpunkt war ich ja noch zerrissen zwischen meinem Arbeitsplatz in der Werkstatt, meiner Wohnung in Basel und dem Haus in Muttenz. Mein Dasein und meine Unterstützung für Thomas war zu dieser Zeit noch nicht wirklich möglich. Ich brachte den Kindern immer wieder etwas Kleines mit, wir spielten gemeinsam in Muttenz. In manchen Momenten war die gemeinsam erlebte Atmosphäre so schön, dass ich mich fragte, warum ich eigentlich ausgezogen war. Ich doch kam dann unweigerlich immer wieder der Moment, in dem Thomas die Bemerkung machte, dass das Mami nun wieder gehen würde. Dann wurde ich wieder daran erinnert, dass es für mich unmöglich war, als Mami für die Kinder wirklich da zu sein. Ich hatte ja noch meine eigene Wohnung in Kleinbasel. Die erste Wohnung hatte ich in Grossbasel gefunden, die zweite nun war eben in Kleinbasel. Hier kam ich wieder in die Einsamkeit. Ich erinnere ich noch, dass die Zeit wie ein grosser Berg immer wieder vor mir stand und ich stand so oft hilflos davor. In Muttenz hatte sich durch die Kinder und durch Thomas immer wieder eine schöne Lebendigkeit ergeben. Hier aber in meiner eigenen Wohnung empfing mich Stille. Es fehlte etwas. Ich sehnte mich oft nach den gemeinsamen Momenten mit meiner Familie. Meine Wohnung aber stellte für mich in vielen Augenblicken ein Gefängnis dar. Diese Augenblicke waren unglaublich schwierig. Nicht selten rief ich in Muttenz an und manchmal waren Thomas und die Kinder gerade bei einem Raclette. Dies verströmte für mich Geborgenheit, aber ich konnte nicht daran teil haben.

Drei Jahre nach der Brustkrebs-Operation zog ich nach Muttenz zurück in unser gemeinsames Haus. Ich wäre niemals von mir auf die Idee gekommen, wieder in unser gemeinsames Haus zu zügeln. Ein Gespräch brachte den Stein ins Rollen. Es ging unter anderem um die Pensionierung von Thomas und er sagte so nebenbei, dass er dann schon froh wäre, wenn alle gemeinsam am Tisch sitzen würden. Dies war das entscheidende Bild, das Thomas aussprach, Da sah ich mich plötzlich am gemeinsamen Tisch sitzen in der Gemeinschaft die ich so oft beim Spielen erlebt hatte. Dieser Gedanke war für mich wie eine Erlösung. Dieser Gedanke musste von aussen kommen und nun war er gekommen. Wir überlegten den besten

Zeitpunkt. Ich glaube, es war damals September 2010. Ich hatte ja drei Monate Kündigungsfrist. Wir entschieden also, dass ich noch vor Weihnachten zurück nach Muttenz ziehen würde. Für mich war dieser Entschluss wie ein Goldschweif der Befreiung und der Erlösung am Himmel. Als wir unseren Kindern diesen Entschluss sagten, fragte Katharina, ob wir dann jeden Abend Verstecken spielen würden. Sie freute sich darauf, ihrem Mami wieder nahe zu sein. An die Reaktion von Johannes kann ich mich nicht mehr erinnern.

Trotz dem Gefühl der Befreiung war der Rückzug zu meiner Familie nicht nur einfach. Bisher hatte ich nur kleine Sequenzen mit erlebt wie das gemeinsame Spielen oder das gemeinsame Mittagessen. Ich merkte sehr wohl, dass Thomas und die Kinder über die sieben Jahre hindurch ein ganz anderes Leben geführt hatten als ich in meiner Wohnung. Thomas war immer wieder froh gewesen, wenn die Kinder mit ihren Spielen auf dem Handy oder im Fernsehen zufrieden waren und er nach der Arbeit in einem Buch lesen konnte. Ich versuchte den Kindern zu vermitteln, dass es doch andere Beschäftigungen gab als Fernsehen.

Aber mir wurde bald bewusst, dass ich viel geschehen lassen musste, was in der Zeit meiner Abwesenheit andere Wege gefunden hatte.
Ich kann nicht mehr genau sagen, welche Arbeiten ich zu welcher Zeit in der Werkstatt machte. Ich weiss nur noch, dass ich mehrere Tätigkeiten machte. Freie Arbeiten, die ich machte, waren der Scherenschnitt oder das Zeichnen von geometrischen Formen. Es waren aber nicht nur kreativ-schöpferische Zeiten, die ich in der Werkstatt erlebte. In manchen Momenten hatte ich mehrere Möglichkeiten zur Auswahl und konnte mich nicht wirklich entscheiden. Gleichzeitig spürte ich schöpferische als auch dämonische Kräfte, sass zwischen den Stühlen und fand keine Ruhe mehr. Manchmal half es, wenn ich Formenzeichnen machte. Ein Spaziergang durch die Werkstatt konnte mich auch befreien von dem Zwiespalt der Entscheidungslosigkeit. Durch die Werkstatt zu gehen hiess für mich, anderen Mitarbeitenden bei ihrer Arbeit zuzusehen und mich auch inspirieren zu lassen. Es gab so viele Möglichkeiten der kreativen Arbeit. Sehr gerne ging ich in die Töpferei, in der eine Keramikerin immer wieder an der Töpferscheibe sass. Sie zauberte neben Tassen wunderbare Schalen und

grössere Teller und versah sie mit Glasuren, die unglaublich schön waren.

Wenn ich wieder an meinem Platz ankam, dann konnte es wichtig sein, dass ich mich ganz klar für eine Arbeit entschied. Es gab ja kein richtig und kein falsch. Durch einen Mitarbeitenden war ich vor Jahren zu geometrischen Figuren inspiriert worden. Seither war dies ein wichtiges Element in meinen freien Arbeiten. Die freien Arbeiten wurden so genannt, weil ich an meinem Arbeitsplatz blieb und etwas machte, das ganz aus mir selber heraus kam.

Bei den Scherenschnitten hatte ich z. B. spezielles Papier, das auf der einen Seite weiss und auf der anderen schwarz war. Auf der weissen Seite zeichnete ich die Formen auf und schnitt diese mit einer speziellen graphischen Schere aus. Dabei ist wichtig, dass zuerst die kleinsten Formen ausgeschnitten werden und dann erst die grösseren. So zeichnete ich zuerst geometrische Figuren, die an einem Baum hingen und sich ineinander verhingen. Ich musste den Baum aushöhlen und die geometrischen Figuren auch innerhalb hohl zeichnen. Dann musste ich die Formen ausschneiden. Dies war eine spezielle Herausforderung für mich, die mich anspornte, immer komplexere Gebilde zu entwerfen und zu schneiden.

Auch aus Linolplatten schnitt ich ineinander verhängte geometrische Figuren aus. Auch hier musste ich zuerst mit einem weissen Stift die einzelnen Gebilde wie Kreis, Dreieck und Rechteck oder Quadrat aufzeichnen. Dann musste ich bildlich sehr genau vorgehen und mir vorstellen, wie diese Figuren am Schluss in einander zu hängen kamen, dass die Gruppe auch noch realistisch aussah. Dies war eine weiter unglaubliche Herausforderung. Ich liebte und liebe auch heute noch dieses komplexe Gestalten. Genau das ist auch das Geheimnis des geschützten Arbeitsplatzes. Dem Menschen, der kreativ-schöpferisch am Arbeiten ist, wird die Zeit gelassen, die er für seine Arbeit braucht. Kommt jemand vorbei und sieht mich an der Arbeit, so kann sich in inspirierendes Gespräch ergeben. Es geht eben nicht darum, wie viel jemand an einem Tag herstellt. Es geht viel eher darum, dass sich der Mensch in seiner Arbeit findet und über seinen eigenen Horizont hinaus wächst.

An freien Arbeiten gibt es aber auch noch Engelzeichnungen, wobei diese immer wieder verbunden sind mit einem Baum, Blättern, Blüten. Oft sind auch Sterne vorhanden und eine Mondsichel. Dies ist auch mein Bekenntnis, dass ich die Nacht mit ihrer Ruhe und den Sternen, die zu mir sprechen, als viel einfacher empfinde als den Tag.

Meine kreativen Arbeiten sind auch immer auf einer Ebene oder fallen im Verhangensein der geometrischen Figuren in einen hinteren Raum hinein. Trotzdem ist dies eine Ebene für sich. Im Alltag oder in Geschäften kommen immer wieder mehrere Ebenen zusammen. Das macht ja das Leben für mich so schwer. Wenn es um Computer, Verträge oder Besprechungen geht, dann fliessen mehrere Ebenen in einander über. Dort, so merke ich, wird es erst schwierig. Deshalb muss ich mich immer wieder dem Einfachen zuwenden. Ich wende mich dann inneren Bildern zu und verwachse mit diesen.

Faszination des Augenblicks und ein Forschungsprojekt

Aber es gab auch ganz andere Tätigkeiten, die ich ausserhalb der Werkstatt machte. Das war das Fotografieren. Schon in meiner Jugend hatte ich die Faszination entdeckt, einen Moment festzuhalten, von dem ich berührt worden war. Es war für mich von Anfang an wichtig gewesen, nur so viele Medikamente zu nehmen, dass ich noch spürte, was ich tat. Beim Fotografieren war dies besonders wichtig. Es gab auch schon Momente, bei denen mich die Intuition aus dem Tram zog und ich unter eine Brücke hinunter ging. Unter dieser Brücke waren Betonpfosten. Der Lichteinfall um diese Pfosten herum war für mich wie ein Gespräch mit unsichtbaren Wesenheiten. Ich war überwältigt. Eigentlich waren es schwarz-weisse Bilder. Ein anderes Mal fuhr ich mit dem Tram in die Stadt und wurde auch quasi aus dem Tram gezogen. Es hatte geregnet und da waren Tramgleise am Boden. Da war auch eine Regenpfütze. An der linken Seite standen Häuser. Ich ging nach hinten und ging so weit, bis sich die Häuser auf der linken Seite in der Pfütze spiegelten. Dies war ein so überwältigender Anblick. So etwas hatte ich noch nie als Motiv ausgewählt. Dieses Berührt-werden im Augenblick macht das Leben für mich besonders und wertvoll.

Im Jahre 2014 begann ich bei einer Forschungsgruppe mit zu arbeiten. Ein Professor aus Zürich und eine Schreibkraft hatten sich der Herausforderung gestellt, mit beeinträchtigten Menschen zusammen zu forschen. Zuerst war es noch sehr unklar, was aus der Gruppe heraus entstehen sollte. Dann schlug eine Mitarbeitende vor, doch ein Buch zu schreiben, warum die Menschen, die in der Werkstatt arbeiteten, diese Werkstatt brauchten und was sie hier machten. Dieses Projekt ging bis Anfang 2017.

Nach langen Diskussionen, auf welche Weise wir erfahren konnten, was Mitarbeitende in der Werkstatt machten und was ihnen wichtig war, entschieden wir uns, die Menschen in Interviews zu befragen, was sie hier machten und was ihnen an der Werkstatt gefiel. Diese Interviews waren für mich sehr schön. Ausserdem begann ich Fotos zu machen von den Tätigkeiten, wobei die Fotos anonym waren – nur die arbeitenden Hände waren zu sehen. Wir diskutierten in der Gruppe viele Themen, die uns alle betrafen. Wie lebten wir als IV-Rentner, welche Vorurteile gab es von Aussenstehenden. Aber nicht nur die Werkstatt wurde erforscht, sondern auch wir als Mitforschende waren für den Leiter der Gruppe interessant. Er wollte uns als Menschen näher kennen lernen. Ich machte die Fotos und lernte auch, sie auf dem Computer zu speichern, zu ordnen, zu beschriften.

Fehlende Gespräche und Selbstverleugnung

Wenn ich an meine Jugend zurück denke, dann hätte ich dort Menschen gebraucht, wie sie in der Werkstatt waren. Es gab immer wieder Gespräche in der Werkstatt, die klärend waren. Die Spreu wurde vom Weizen getrennt. Im ruhigen Arbeiten fand ich mich immer wieder zu mir selber. In meiner Jugend fehlten mir solche klärende Gespräche und leider verleugnete ich mein Wesen viel zu oft. Im Verleugnen aber waren meine unsichtbaren Welten nicht mehr für mich spürbar. Ein Gefühl der Trauer beschlich mich immer wieder, wenn ich merkte, dass es mir wieder einmal nicht gelungen war, zu mir und meiner Welt zu stehen und sie nach aussen zu zeigen. In so manchen Augenblicken wollte ich gesehen werden und verdeckte so meine Intuition. Wenn ich fotografierte, stellte ich das Motiv in den Vordergrund und war dankbar, diesen Augenblick fest halten zu dürfen. Aber mit den Menschen um mich herum war ich nicht fähig zu sprechen. Im Nachhinein gesehen wurde ich zum Spielball anderer Menschen. Ich kann diese Zeit jedoch heute in Gedichten festhalten und der Nachwelt zeigen, welcher Schmerz es für mich war, mir und meinen Wesenheiten untreu geworden zu sein. Jemand hätte mir sagen müssen, dass ich ganz einfach anders war. Ich fühlte mich auf der Erde nicht zu Hause und ich fand keinen Weg, meine Grenzen auf zu zeigen.

Meine Tochter war damals schon seit langer Zeit im Tagesheim. Thomas hatte sich im Jahre 2014 früh pensionieren lassen mit der Absicht, für Katharina den Mittagstisch zu Hause zu machen. Damals war ich ja schon lange wieder nach Muttenz zurück gezogen. Dieser Rückzug war für Thomas, die Kinder und mich zuerst eine freudige Überraschung. Katharina hatte mich damals gefragt, ob wir dann jeden Abend verstecken spielen würden. Mit der Zeit aber war es für mich schwierig. Thomas und die Kinder waren ein eingefleischtes Team geworden und nun kam ich wieder zurück. Thomas hatte mit den Kindern zusammen eine unbeschwerte Leichtigkeit im Basler Humor aufgebaut und gelebt. Ich als Nichtbaslerin und als psychisch beeinträchtigte Frau empfand diesen Humor immer wieder als sehr verletzend.

Thomas nahm Katharina aus dem Heim heraus ohne zu ahnen, dass Katharina dadurch in eine schwere Krise fiel. Im Heim hatte sie alles gehabt, was sie brauchte. Die Krise zeigte sich darin, dass sie in ihren schulischen Leistungen sehr nach liess und nichts mehr lernte. Sie verweigerte alles. War sie früher noch ein grosser FCB-Fan gewesen, so begeisterte sie sich nun an dem Kabarettisten-Duo Almi und Salvi. Sie war in den VIP-Club eingetreten und sah sich zu Hause Sendungen von einstigen Kabarettisten an, die sie auch frei rezitieren konnte.

Die schulische und persönliche Krise wurde aufgefangen. In Liestal – in Basel-Land – gab es ein Heim, das sich Röseren-Schulheim nannte. Dort wurden Jugendliche aufgenommen die in ihrer Entwicklung Störungen aufzeigten. Unsere Tochter hatte sicher keine einfache Zeit hinter sich. Zuerst den Auszug von mir, ihrer Mutter und nun die Botschaft, dass ihre Mami auch noch Krebszellen in ihrem Körper hatte. Ich kann mich noch gut an den Tag erinnern, als wir mit unserer Tochter zu einem ersten Gespräch gingen und der Heimleiter uns begrüsste und uns das Heim zeigte. Alle paar Augenblicke während der Führung sagte Katharina immer wieder: Kei bock, kei bock. Dann schnupperte sie zwei Wochen – sie ging damals mit in ein Lager, das gerade zur dieser Zeit geplant war und war – zur allgemeinen Erleichterung und gleichzeitig zum allgemeinen Staunen - bereit, in das Heim und die Schule aufgenommen zu werden.

Mein Auftritt im Ackermannshof in Basel

Doch nun zurück zu jenem Ort, an dem ich von meinem ehemaligen Mitarbeiter der Werkstatt für ein Gespräch vermittelt wurde. Wir sassen neben einander und hörten einem Gespräch zu und mein Gedanke war, ob ich denn jemals die Gelegenheit haben würde, über mein Leben und meine Erfahrungen sprechen zu dürfen. Jener Mitarbeiter schlug mir am Schluss des Gesprächs vor, mich mit dem Leiter des Gesprächs bekannt zu machen. Doch das war in diesem Augenblick zu viel für mich. Voller Angst lief ich davon. Es war wirklich unglaublich. Ich wollte doch eigentlich entdeckt werden und nun hatte ich die grosse Angst, vor einem fremden Menschen zu versagen.

Durch ein Mail nahm ich Kontakt auf und eine Woche später sass ich im Büro jenes Menschen, der immer wieder als Leiter der Abende einen Menschen dem Publikum vorgestellt hatte, die alternative Wege des Lebens wagten. Intuitiv nahm ich Gedichte von mir mit und er bat mich, sie vor zu lesen. Dann sprach ich über mein Leben und war mir sicher, dass ich gleich hinaus geschmissen werden würde. Aber genau das Gegenteil war der Fall. Diesem Menschen war es ein Anliegen, mein Leben im Ackermannshof vorzustellen. Ich verstand die Welt nicht mehr. Ich spürte, dass der Mensch, der da vor mir sass und mir zuhörte, ein ganz besonderer Mensch war und seine Sichtweise des Lebens die Menschen in einem ganz anderen Licht erscheinen liess. Es war das Anders-sein, das diesen Menschen interessierte und er bestätigte, dass ich aus all meinen Erfahrungen des Lebens unglaublich viel zu erzählen habe. Damals hatte ich gerade das Manuskript „Mein Leben mit Psychose" fertig geschrieben und ich gab es ihm zum Durchlesen. Ich schickte ihm noch ein kleines Gedichtbüchlein mit dem Titel „Zwischen zwei Augenblicken".Ihn faszinierte vor allem die Sprache, mit der ich meine Gedichte geschrieben hatte. Da musste ich – wie auch sonst so oft – erklären, dass beim Schreiben eine höhere Kraft durch mich hindurch strömte und erst dadurch die edle, schöne Sprache entstand.

Die Art und die Sichtweise, wie dieser Mensch mein Leben ansah, veränderte meine eigene Sichtweise und ich begriff, dass alle meine Erfahrungen wirklich wichtig waren und ich viel an andere Menschen weiter geben durfte.

Die Vorbereitungszeit war intensiv und zwischen den einzelnen Stationen meines Lebens wählte ich als Musik das Lied von Cat Stevens „Morning has broken“ und von Franz Schubert das Lied „Mondnacht“. Als ich im Büro über mein Leben erzählte, war da ein ruhiger Gesprächsfluss. Beim letzten Treffen vor dem Auftritt erzählte ich über mein Leben und mir wurde bewusst, auf was ich mich da eingelassen hatte. Ich spürte, dass dieser Schritt – vor so viel Publikum zu sprechen – mich überforderte und ich sagte meinem Gesprächspartner, dass ich am liebsten gar nicht auftreten würde. Das Gespräch fand natürlich statt und ab diesem Moment entwickelte sich ein wunderbarer Mailkontakt, der bis zum heutigen Tag anhält.

Schwierig war die Zeit nach diesem Gespräch. Ich hatte das Gefühl, nun etwas Besonderes auf die Füsse stellen zu müssen. Doch die Botschaft war eine ganz andere: So wie ich war – von meinem Arbeiten in der

Werkstatt, meinem Buch und meinen Gedichten – war ich als Mensch in Ordnung.

Gespräche mit meiner Tochter und eine verletzende Bemerkung

Schon seit geraumer Zeit hatte mich meine Tochter eher humorvoll gefragt, ob ich wirklich ihre Mami sei. Ich hatte dies auf der humorvollen Ebene belassen und hatte es als Witz abgetan.

Eines Tages, als wir im St. Jakobs-Schwimmbad in Basel waren, fragte sie mich, als wir gemeinsam ins Wasser gingen, ob ich wirklich ihr Mami sei. Zuerst meinte ich diese Bemerkung lustig und ich merkte, dass sie diese Bemerkung immer wieder fragte. Da sprach ich sie darauf an, was sie denn damit meinte. Sie sagte mir ganz klar, dass ein richtiges Mami seine Kindern nicht sieben Jahre alleine liess. Diese Aussage traf mich mitten in mein Herz. Es war eine ganz klare Anklage meiner Tochter. Es war wie eine eiskalte Dusche. Für Katharina war die Zeit ganz sicher nicht einfach. Zuerst verlor sie mich, als sie noch ganz klein war uns musste mich als ihr Mami immer wieder gehen lassen und hatte doch eine liebende Beziehung zu mir.

Ein unerfüllter Wunsch und eine schwere Diagnose

Ich kann nicht mehr sagen, wann ich den Wunsch in mir spürte, die Peer-Ausbildung zu machen. Dadurch hätte ich in einer Ausbildung meine psychische Beeinträchtigung so gefestigt, dass ich in Kliniken erkrankte Menschen auf ihrem Weg begleitet hätte und ihnen durch meine Begleitung Mut für das Leben gegeben hätte. Damals war diese Aussicht für mich eine Antwort des Lebens und ich wollte Märchen als Steckenpferd nehmen. Ich erhielt eine Liste mit allen Modulen und war schon im Gespräch mit meiner Bezugsperson, wie ich diese Ausbildung mit der Arbeitszeit in der Werkstatt verbinden könnte. Alles hörte sich gut an. Ich meldete mich in Bern an, aber ich wurde nicht aufgenommen. Es war sehr schade für mich. Ich ahnte, dass diese Zeit für mich sehr anstrengend werden könnte, da sie verbunden sein würde von Treffpunkten mit allen Auszubildenden, Praktiken, Büchern die gelesen werden mussten und Arbeiten die es zu schreiben gab. Wenig später sollte ich spüren, dass eine höhere Hand weise den Weg gelenkt hatte.

Im Februar 2017 merkte ich zunehmend, dass ich völlig ausser Atem war, wenn ich auf dem Velo zur Arbeit fuhr. Ich war in regelmässigen Abständen zu meinem Hausarzt gegangen, der mein Labor kontrolliert hatte. Vor allem wurde der Eisenwert, die roten Blutkörperchen und der Stand der Krebszellen kontrolliert. Bei einer Kontrolle aber sank ein Laborwert immer mehr ab und auch bei den Nachkontroll-Terminen verbesserte sich der Wert nicht.

Eines Morgens entwickelte sich ein Gespräch mit meiner Bezugsperson in der Werkstatt und ich erzählte von meiner Atemnot. Als er mich bewusst anschaute, fiel ihm auf, dass mein Gesicht eingefallen war. Mein Hausarzt hatte mich gebeten, mich bei der Notaufnahme im Unispital Basel zu melden. Dort sollte weiter untersucht werden, was in meinem Körper nicht stimmte. Der Termin war aber erst in 14 Tagen. Meine Bezugsperson bat mich, einen früheren Termin zu erbitten, weil mein Anblick bei ihm grosse Sorgen hervor gerufen hatte.

So ging ich in die Notaufnahme des Unispitals in Basel. Auch dort wurde das Labor kontrolliert und es stellte sich heraus, dass ein Wert so hoch war, dass er beinahe gefährlich war. Es war ein Wert, der sonst eigentlich in den Knochen vorhanden war und hiess Calcium. Der behandelnde Arzt erklärte mir, dass ich stationär aufgenommen werden müsste.

Bei den Untersuchungen in der Notaufnahme wurde ich gefragt, ob ich in letzter Zeit viele Lebensmittel mit Calcium gegessen hatte. In einem Röntgen wurde in der linken Lunge ein Erguss gefunden. Eines Tages wurde eine Punktion in der linken Lunge gemacht und eine Probe des Ergusses heraus genommen, um sie zu untersuchen. Ich war in jenen Tagen sehr müde und lag viel im Bett. Bei einer Visite wurde mir geraten, doch auf zu stehen, sonst würde ich auch noch eine Lungenentzündung bekommen. So machte ich ab diesem Tag Spaziergänge im Garten des Unispitals.

Am fünften Tag, als Thomas zu Besuch war, wurde uns veröffentlicht, dass in meinem Körper Metastasen waren – in Lunge, Leber und Knochen – vor allem im

Brustbein. Eigentlich hatte ich diese Diagnose geahnt. Die Bestätigung war für mich keine Überraschung mehr. Ich rief in der Werkstatt an und hatte meine Bezugsperson am Telefon. Nach kurzem ratlosem Schweigen sagten wir übereinstimmend, dass wir es beide geahnt hatten, dass sich Metastasen im Körper gebildet hatten.

Über Ostern blieb ich im Spital. Eigentlich wollte ich meine Ruhe haben, aber dann meldeten sich verschiedene Menschen per Telefon – so meine Schwester mit ihrem Sohn und ihrem Freund und meine Cousine mit ihrem Sohn. Es waren besondere Momente und alle nahmen so grossen Anteil an meiner Geschichte und der Diagnose. Thomas kam mit unseren beiden Kindern und Ostereiern vorbei und wir erlebten eine schöne, kurze, intensive Zeit.

Am Ende dieses Aufenthalts kam eine Ärztin in mein Zimmer, die für die onkologische Behandlung in diesem Spital zuständig war. Ich bat sie, eine Therapie auszusuchen, die mit der Misteltherapie vergleichbar war. Sie meinte, dass sie so eine Therapie suchen wollten.

In der Werkstatt war meine Diagnose natürlich ein grosser Schock. Niemand wusste so recht, wie mit mir umgehen und wie auf mich zugehen. So erzählte ich, wie froh ich war, jeden Tag an diesen Ort kommen zu können. Ein Betreuer wunderte sich, dass ich überhaupt die Kraft hatte, jeden Tag her zu kommen. Ich erklärte ihm, dass genau die Struktur für mich das Geheimnis sei. Hier konnte ich in meinem Thema arbeiten, konnte mir Zeit lassen, vielleicht auch nur einfach da sitzen.

In dieser Zeit kam in mir der Gedanke auf, dass ich mich ab nun so geben wollte, wie es aus mir heraus kam. Ich wollte keine Rücksicht mehr nehmen, ob meine Aussage jemanden verletzte. Ich wollte mich nicht verstellen.

Als ich jener Musikerin, die bei uns im Bürgerspital die Musikgruppen leitete, von meiner Diagnose erzählte, fragte sie mich, ob ich schon kämpfen würde. Damals sass ich da und stand dieser Frage völlig gleichgültig gegenüber. Kämpfen – wofür, warum? Damals war ich wirklich eingesperrt zwischen der Tatsache behandelt zu werden und der Realität, dass ich eigentlich gar keinen Bezug zum Leben hatte. Fremdbestimmung – das traf es eigentlich am besten.

Ich kann mich allerdings auch an Momente erinnern, als ich die Diagnose noch nicht wusste, dass ich mich immer wieder wie gefangen fühlte. Oft war es das Gefühl, auf dieser Erde, in diesem Körper, in dieser Werkstatt gefangen zu sein, fest gehalten zu werden. Manchmal sogar wie in einem Vorzimmer zum Jenseits. Es war eine abgrundtiefe Verlorenheit, oft unendliche Trauer.

Natürlich hatte ich auch einen Termin bei meinem Hausarzt. Er war schon etwas erschrocken über die Diagnose und ich kann mich noch an seinen Satz erinnern: „Wenn der Zustand sich nicht bessert, so regeln Sie Ihre letzten Dinge“. Als ich diesen Satz hörte, lief es mir kalt den Rücken hinunter. Sollte es nun wirklich schon so weit sein? Aber mein Hausarzt meldete mich auch in der Klinik Arlesheim zur Misteltherapie an und meinte, ich würde wohl nicht an der Chemotherapie vorbei kommen. Auch mein Therapeut war dieser Meinung. Ein paar Wochen später hatte ich den ersten Termin bei dem Onkologen, der mich ab nun bei den Misteltherapien begleiten sollte. Er sagte mir, ich müsste mir Ziele setzen. Bei diesem ersten Gespräch weinte ich die ganze Zeit, weil ich mir immer mehr bewusst wurde, in welchem Zustand ich mich befand. Es gab eine Sitzung, bei der der Onkologe einen Monolog führte. Ich lag auf dem Bett und weinte und der Onkologe erzählte über die kosmischen Kräfte, die in jeder Pflanze und jedem Stein lebten. Ich hörte, was er sagte und warf ihm die verzweifelten Worte entgegen - „Ich will doch gar nicht leben“! Jahre später sagte er mir bei der ersten Sitzung habe er bei sich gedacht - „Die macht nicht mehr lang“

Natürlich erzählte ich auch in der Forschungsgruppe von der Diagnose der Metastasen. Alle waren tief betroffen und die damalige Leiterin nahm mich spontan in den Arm. Ich erklärte ihnen, falls ich nicht anwesend wäre, sei ich bei einer Therapie oder bei einem Arzttermin. Das Verrückte an meinem Zustand war, dass ich gar keine Schmerzen hatte. Ich wusste einfach von den Untersuchungen und den Laborwerten, was in meinem Körper vor sich ging. Ich wartete immer wieder darauf, dass ein Arzt zu mir kam und mir sagte: „Entschuldigen Sie, wir haben Sie verwechselt – das sind gar nicht Sie, die Krebs haben“.

Bei einem Therapiegespräch kamen wir gemeinsam auf die fehlgeschlagene Anmeldung zur Peer-Ausbildung zu sprechen. Wir spürten beide, dass dies kräftemässig nicht möglich gewesen wäre, da mir die Chemotherapie die nötige Kraft weg nahm. Eine höhere Kraft hatte da weise entschieden.

Als ich meinem Therapeuten von den Metastasen in meinem Körper erzählte, war er auch ziemlich erschrocken und meinte, er müsse diese Nachricht erst verdauen. Er bereitete mich darauf vor, dass ich an einer Chemotherapie wahrscheinlich nicht vorbei kommen würde.

Sternenkräfte schenken mir neuen Lebensmut

Bei den ambulanten Misteltherapien in der onkologischen Tagesklinik in der Klinik Arlesheim wurde immer wieder Labor abgenommen. Als ich eines Tages von der Misteltherapie gerade nach Hause gekommen war, läutete das Telefon und ich musste wieder in die Klinik gehen, da das Calzium wieder zu hoch war. Ich kann mich noch an ein Gespräch mit einer Ärztin erinnern, die mich fragte, ob ich bei einem eventuellen Herzstillstand reanimiert werden wolle. In diesem Moment riss mich die ganze Verzweiflung des Nicht-mehr-leben-wollens in einen Strudel und ich gab ihr zu verstehen, dass ich schon lange nicht mehr leben wolle, aber für meine Familie am Leben bleiben müsse. An einem dieser Tage in der Klinik ging ich durch den Garten und schaute mir intensiv die Blumen an. Ich konzentrierte mich auf die unbeschreiblich klare Ordnung und erinnerte mich an die Worte des Onkologen. Jede Blume zeugte von dieser geheimnisvollen Ordnung. Intuitiv stellte ich mir vor, dass die Sterne ihre Kraft sowohl in den Kosmos und so ins Jenseits strahlten als auch auf die Erde. Als mir dieses Geheimnis aufging und ich es mir bildlich vorstellen konnte, wurde mir bewusst, dass für mich auf der Erde auch Leben möglich war. Dies, was ich da wahr genommen hatte, waren die unsichtbaren Kräfte, die aber so klar waren, dass sie mir Vertrauen geschenkt hatten.

Neben diesem Neufindungsprozess musste ich viel trinken. Da ich überhaupt kein Durstgefühl hatte, war das eine enorme Anstrengung für mich. Das Leben spielte sich damals auf so vielen verschiedenen Ebenen ab. Da war meine Familie, die ich nur zeitweise sah. Daneben war meine eigene Wohnung, in der ich mich nicht wirklich wohl fühlte, aber auch keine Lösung fand, um das Wohlbefinden zu erhöhen. Da war noch die Werkstatt, die eine so andere Atmosphäre in sich trug als die Familie in Muttenz oder meine eigene Wohnung. Da war meine psychische Erkrankung, die mich zwang, von der IV-Rente zu leben an einem geschützten Arbeitsplatz. Nun war da auch noch die körperliche Erkrankung des Krebsgeschehens. Noch eine ganz andere Ebene war das Formenzeichnen, das Rezitieren von Gedichten und nun das kosmische

Geheimnis der unsichtbaren Kräfte in allen Pflanzen, Bäumen oder Tieren. Es gab aber nicht nur diese wunderbaren Momente.

Verschiedenste Ebenen des Lebens

Daneben war der Tag war angefüllt mit Begegnungen, die unglaublich anstrengend waren. Schon die Frage: „Wie geht es Ihnen heute?“ war sehr schwierig. Was sollte ich aus all diesen verschiedenen Ebenen in den Vordergrund stellen, was sollte ich für mich behalten. Ich war in einer existentiellen Phase der Neuorientierung. Wieder musste ich die Segel neu hissen, wieder war ich auf dem weiten Meer des Lebens und musste den nächsten Kontinent finden, auf dem Leben für mich möglich war. Schon das Finden neuen Lebens war dermassen anstrengend.

Aber ich schaffte das Problem mit dem Trinken. Bei jeder Visite wurde es angesprochen. Ich musste versuchen, drei 1 Liter Flaschen zu trinken. Ich sprach bei der Visite auch mein tiefes Erlebnis, das ich bei den Blumen entdeckt hatte, an. Für mich lag in solchen speziellen Augenblicken Dankbarkeit. Ich spürte die höhere Kraft, die mich klar begleitete.

Auch auf dieser Station hatte ich eine Eurythmistin, die mich im Zimmer aufsuchte und einfache Sprüche, die mich sehr berührten, mit Bewegungen im Raum kombinierte. Ich erzählte ihr viel über meine Kindheit und Jugend. Sie hatte ein tiefes Verstehen für das Leben. So versuchte ich auf die verschiedensten Arten, meinem Leben wieder Boden und Struktur zu geben.

Eines Tages kam eine Pflegerin in mein Zimmer und wir sprachen über die Musik. Irgendwie kam die Sprache darauf, dass ich Geige spielte und gerne Abendlieder. Sie hatte den Gedanken, dass ich mir doch die Geige bringen lassen sollte und am Abend auf der Station spielen sollte. Thomas brachte mir die Geige und ich übte im Zimmer die Abendweisen. Dann spielte ich auf dem Gang der Station. Es war wunderschön, wie sich die Türen öffneten und die Patienten neugierig auf den Gang kamen und mir zuhörten. Ich fühlte mich wie von einer anderen Welt. Diese Momente gaben dem Leben eine Atmosphäre, die einzigartig war.

Dann kam der Augenblick, in dem ich in das Unispital in Basel verlegt werden sollte. Ein Arzt fragte mich, wie es mit dem Transport wäre, ob da ein Auto organisiert werden müsste. Da sagte ich ganz klar, dass ich mobil sei und mit dem Tram fahren könnte. Nun gab mir dieser Arzt zu verstehen, dass bei meiner Diagnose – Metastasen in Lunge, Leber und Knochen - ein ganz anderes Erscheinungsbild erwartet wurde. Ich aber wahr mobil und hatte keine Schmerzen. So kam ich in das Unispital.

Auch hier war ein Garten und ich machte immer wieder einen Spaziergang. Ich beobachtete die Ordnung in den Blumen aber auch in den Gräsern. Immer wieder blieb ich staunend stehen und musste erkennen, dass die höhere mathematische Ordnung bis in die kleinsten Einzelheiten stimmte. Ich hatte das Gefühl, dass ein unsichtbarer Meister alles unglaublich liebevoll geschaffen hatte. Ich spürte aber auch, dass es mehrere Versionen gab, die Natur zu beobachten und die Pflanzen zu erkennen. Ging jemand in einen Blumenladen, so wusste er durch das Aussehen einer Blume, eines Strauches oder Baumes, wie das Gewächs hiess. Die andere Möglichkeit war das Erkennen der höheren Ebene in dem Wunderwerk der Natur. Ich atmete so quasi die streng geometrische Ordnung der

Blätter ein, zählte immer wieder die Blätter, die Staubgefässe ab und nahm diese Ordnung dankbar in mich auf.

Dann aber gab es wieder die Schwierigkeit, diese Atmosphäre der Ordnung zu verlassen und sich unter die Menschen, die Mitpatienten, die Pflegenden und die Ärzte zu mischen und diese Ordnung in sich selber bei zu behalten. Jeder einzelne Mensch kam aus der eigenen Ecke oder Ebene des Lebens auf mich zu. Ich merkte, dass ich immer wieder in mich hinein lauschen musste, wie der Mensch in mir selber einwirkte und wie ich mich verhielt. Oft war mir die Intuition eine grosse Hilfe. Wichtig aber war daran, dass ich der Intuition auch vertraute. Es gab und gibt immer wieder Momente, in denen ich meiner Intuition nicht vertraute oder vertraue. Im Nachhinein spürte ich dann, dass die Intuition wirklich der innere Kompass war.

Es geht nur mit Chemotherapie

Am Ende dieses Aufenthalts erhielt ich die erste Krebstherapie. Bei meinem Eintritt waren die Onkokogen zu mir gekommen und ich hatte sie noch einmal gebeten, mir eine möglichst alternative medikamentöse Therapie zu verabreichen. Damals zeigten sie sich noch bereit, dies zu ermöglichen.

Ich kann mich noch an Telefonate mit meiner Schwester erinnern, bei denen ich immer wieder überzeugt erklärt hatte, dass ich auf keinen Fall Chemotherapie über mich ergehen lassen wollte und dass ich dies auch den Ärzten gesagt hatte. Bis zu diesem Augenblick war ich auch ganz überzeugt, dass sich die Ärzte nach meinem Wunsch richten würden. Doch am Tag, als die Therapie anstand, kamen die Ärzte noch einmal zu mir. Mir war noch einmal eine Leberbiopsie gemacht worden sowie das gesamte Labor. Aus den Untersuchungen war hervor gegangen, dass in der Leber schnellwachsende Krebszellen waren, die sich zudem noch als sehr aggressiv heraus stellten. Die Ärzte empfohlen mir Chemotherapie, da nur damit möglichst alle Krebszellen erreicht werden konnten. Als ich dies hörte, fühlte ich mich wirklich betrogen. Bisher hatte ich darum gebeten, eine alternative Therapie zu erhalten und nun wurde ich vor ganz klare Tatsachen gestellt, die ich eigentlich nie und nimmer gewollt hatte. Auch in Telefongesprächen hatte ich immer wieder betont, dass ich auf keinen Fall Chemotherapie über mich ergehen lassen wollte. Und nun diese Botschaft. Ich fühlte mich ohne Vorbereitung an eine Wand gestellt und fand keine Türe als Notausgang. Natürlich war das Thema auch der Haarausfall und mir wurde eine Kältehaube empfohlen. Ich gab aber zu verstehen, dass ich dazu stand, dass mir die Haare ausfielen. So liess ich durch einen Pflegenden der onkologischen Ärztin ausrichten, dass ich auf diese Haube verzichten wolle.

Vor der eigentlichen Chemotherapie hatte ich ein Gespräch mit einem psychosomatischen Arzt. Ich erzählte ihm von meinem Leben, meiner Todessehnsucht, meiner Familie und von meiner Bereitschaft, nun doch die Chemotherapie über mich ergehen zu lassen. Ausserdem hatte ich mit einem Spitalseelsorger gesprochen, mit dem ich gemeinsam heraus filterte, dass manche Phasen des Lebens durch die Einsamkeit gingen. So bat ich die höhere Kraft, bei mir zu sein, wenn die Chemotherapie in meinen Körper tropfte. Ich hatte mein Bett am Fenster und sah immer auf den Horizont, wo Himmel und Erde sich berührten. Ich war im wahrsten Sinne des Wortes Grenzgängerin. Nun hatte ich wirklich von einer Minute auf die andere meine Meinung geändert, das Steuer umgeworfen. Ich hatte meine Familie in den Vordergrund gestellt und war mir bewusst geworden, dass ich Verantwortung hatte. Ich spürte mich als Kokon ganz an der Grenze – am Horizont – im Mutterschoss einer göttlichen Kraft. Als dann wirklich die Therapie in meinen Körper floss, spürte ich zuerst, dass sich mein Körper dagegen wehrte. Dann flehte ich die tragende Kraft an und fühlte mich mit einem Mal wirklich geborgen. Ich atmete in diesen Kokon, der mich schützend empfing, ein und spürte, wie ich nun akzeptieren konnte, dass dieses Gift in meinen Körper hinein floss. Dieses Gefühl hielt wirklich bis zu Ende der Infusion an und ich war unendlich dankbar dafür. Am Abend fühlte ich mich klapprig, wie nach einer schweren Wanderung.

Irgendwann in dieser Zeit realisierte ich, wie ernst

mich die höhere Kraft genommen hatte. Weiter oben habe ich meine Bitte erwähnt - „schicke mir doch eine schwere Krankheit, damit ich für das Leben kämpfen kann“ - und nun war sie da. Ich muss ehrlich sagen, dass ich erschrak, als ich die Antwort in meinen Metastasen realisierte.

Ein Text befreit Gedanken und Gefühle

In den letzten Wochen hatte sich in mir so viel angestaut. Da war der Gedanke der Lebensverlängerung, die Todessehnsucht, die unerwartete Chemotherapie, das Gefühl der Fremdbestimmung. All dies hatte sich in mir angestaut und ich fühlte, dass ich mich davon befreien musste. Diesen Text möchte ich hier einfügen

Ich möchte aus meinem Körper ausbrechen
er erdrückt mich
ich fühle mich in ihm gefesselt

wie wird es sich anfühlen
wenn ich sterbe
wenn ich meinen Körper verlasse

wie oft werde ich zu Bett gehen
und hoffen in das Jenseits
aufgenommen zu werden
und dann doch am nächsten Morgen

wieder im Bett zu erwachen?

Spielt das Schicksal mit mir herum
hat es seine Freude mich zu quälen?

Immer wieder das Gefühl
das Erdenleben abzusitzen
hier auf Erden sein zu müssen
und doch schon seit Kindheit
in die Ewigkeit eingehen wollen

Verantwortung abgeben
loslassen

was für einfache Worte
und doch steht das Leben
jeden Morgen wieder vor mir
und fordert mich auf
mich dem Tag zu stellen

bereit diese Welt zu verlassen
doch der Todeszeitpunkt
bleibt ein Geheimnis

nimm mich zu Dir
in das Jenseits

doch das Leben
schweigt dazu

und die Zeit ist noch nicht bereit

Das Leben als Gefängnis
das Jenseits in
greifbarer Nähe

Chemotherapie höhlt aus
Zelle um Zelle
Lebenskraft verlässt den Körper
und die leibliche Hülle
sitzt ab bis zum
Zeitpunkt des Todes

wo bist du Leben
wenn nicht in mir?
Schaust Du mir zu von aussen
und lässt mich zappeln?

Herz schlägt

Atem fliesst

Der Wunsch zu sterben und gleichzeitig wird das Leben verlängert

Ich kann mich wirklich noch erinnern, dass ich mehrere Wochen immer wieder gewünscht habe, am Abend schlafen zu gehen und am nächsten Tag nicht mehr am Leben zu sein. Ich wurde damals wirklich hässig. Ich hörte in dieser Hinsicht keine intuitive Hilfe, ich spürte keine Verbindung zu der göttlichen Ebene und den Wesenheiten hinter den Dingen, die mich getröstet hätten. Ich hatte vielmehr das Gefühl, als schauten mir die himmlischen Heerscharen zu, verschränkten ihre Arme und liessen mich zappeln. Dieses Warten war wirklich zermürbend. Es war grausam.

Durch die Chemotherapie verlor ich natürlich meine Haare und trug ein Kopftuch. In der Werkstatt fiel das natürlich auf. Manche Mitarbeitenden schauten mich komisch an. Manche fragten mich und dann erklärte ich ihnen meine Situation. Alle Chemotherapien fanden ambulant im achten Stock des Unispitals in

Basel statt. Zuerst wurde das Labor abgenommen und mein körperlicher Zustand und somit die Verträglichkeit der Chemotherapie überprüft. Erst wenn alles in Ordnung war, wurde das Gift in meinen Körper in Form von Infusionen injiziert.

Die Gespräche mit meiner Bezugsperson in der Werkstatt waren höchst anspruchsvoll. Ich war an der Grenze und fand keinen klaren Bezug zum Leben. Ich sah mein Leben damals als abgeschlossen und fragte, was ich noch auf der Erde wollte. Diese Weigerung, am Leben sein zu müssen und die gleichzeitige Chemotherapie war für die meisten Menschen nicht verständlich. Auch bei der parallel laufenden Misteltherapie in der Klinik Arlesheim war dieser Widerspruch mehr als nur unverständlich. Eine unglaublich lange Zeit war diese parallele Therapie für mich kaum erträglich. Ich fügte mich einer Behandlung, die mich am Leben hielt – und zwar künstlich am Leben hielt – und auf der anderen Seite wünschte ich, gar nicht mehr am Leben zu sein. Ich machte die Behandlung für meine Familie. Ich sah auch keine Türe, die sich geöffnet hätte und mir einen gangbaren Weg aufzeigte. Immer wieder sagte ich in

Gesprächen, die höhere Kraft möge mich doch bitte erlösen, wenn sie mir schon keinen Weg aufzeigte. Dies ging unglaublich lange Zeit so weiter. Auch in den Therapien war das lange eine Endlosschlaufe. Die Tatsache, die für den Therapeuten ganz klar war – mein Leben zu verlängern - und meine eigene Meinung, dass ich doch gar nicht mehr leben wolle.

Bei einem Gespräch mit dem Onkologen in der Klinik Arlesheim sagte ich, wir würden ja sehen, was die nächsten Jahre noch bringen würden. Der Onkologe schaute mich an und sagte: „Nicht die nächsten Jahre – die nächsten Tage, Wochen und Monate. Ihre Krankheit ist weit fortgeschritten“. So klar hatte er mir noch nie gesagt, wie es um mich stand.

Ich widersprach so vielen Frauen, die unbedingt leben wollten und alles dafür taten. Dies wurde auch bei den Therapien thematisiert. Ich stand zu dieser Tatsache, zu dieser extremen Todessehnsucht, die mich so stark in den Klauen hatte. Meinem Onkologen gab ich schon bald eine Auswahl meiner Gedichte und er sah mich bald von jener Seite, die ich auch selber in mir wahrnahm. Er meinte, ich sei schon so weit im

Jenseits, dass ich kaum noch auf der Erde sei. Ich spürte, dass er mich verstand. Durch meine sehr ambivalente Haltung zum Leben hatte ich immer wieder unglaubliche Gemütsschwankungen. In vielen Momenten weinte ich unglaublich, da in mir kein Wille war zu leben. So lernte mich der Onkologe in meinen ganz existentiellen Momenten kennen. Er war und ist ein humorvoller Mensch, der in Augenblicken lachen konnte und auch heute noch lacht, wo es bei mir keinen Grund dazu gibt. Schon oft war ich drauf und dran zu fragen, ob der nicht einmal still sein kann. Eines Tages war gerade eine Pflegerin im Zimmer und der Onkologe war sehr am blödeln – ich empfand es jedenfalls so. Da fasste ich Mut und sagte ihm, er solle doch bitte die Klappe halten. Er war mir keinesfalls böse. Er sagte vor der Pflegerin, noch nie habe ich den Mut gehabt, ihm das zu sagen, nur durch die Anwesenheit der Pflegerin hätte ich nun den Mut gefasst.

Ein unerwartetes Projekt

In der Zeit, als ich wegen der Chemotherapie das Kopftuch trug, wurde ich für ein Projekt vermittelt. Es war die Zeit des Wildwuchs-Festivals. Es wurden Menschen gesucht, die über schwierige Lebensthemen sprechen wollten. Ein ehemaliger Mitarbeiter der Werkstatt, der wusste, dass ich meine Erfahrungen gerne weiter geben wollte, fragte mich an und gab mir die Mailadresse derjenigen Person, die diese Gespräche organisierte. Natürlich nahm ich diese Anfrage an und meldete mich. Wenn ich für ein Projekt zusagte, so war dies immer wieder mit einem inneren Zittern verbunden. Würde ich es schaffen, vor Publikum 30 Minuten zu sprechen? Würde ich versagen? Und dann war es immer so, dass ein Teil meiner Seele dem anderen Teil gut zusprach und Mut machte. In mir waren zwei Teile und dann war da natürlich die höhere Kraft, diese intuitive göttliche Verbindung zum Jenseitigen. Als ich mir überlegte, was ich da sagen sollte, fiel es mir wie Schuppen von den Augen. Jener Text, den ich oben abgedruckt hatte, war wie geschaffen für diesen Auftritt. Die unsichtbare

Kraft des Schutzengels, der höheren Welten, hatte mir die Worte geschenkt, die meinen Zustand so klar, brutal und ohne jede Zensur zeigte.

Über Mail machte ich einen Termin mit dem Organisator dieses Projekts ab und es kam zu einem sehr bewegenden, offenen, ehrlichen und wertvollen ersten Austausch. Ich kann mich noch gut erinnern, wie ich innerlich auf diese Möglichkeit – meine Erfahrungen an Menschen im Publikum weiter zu geben – zu ging. Immer wieder liess ich den Text durch mich hindurch gehen. Am Nachmittag vor dem Auftritt war ich schon bei der Kaserne in Basel, wo dieses Projekt statt fand. Ich bat die höhere Kraft, bei mir zu sein und bei meinem Auftritt zu wirken. Während ich sprach, sah ich Bilder und Worte in mir. Ich zog vor dem Publikum mein Kopftuch ab und provozierte die Menschen, die zuhörten. Wir hatten einen Satz erhalten, den wir innerhalb oder vor dem Sprechen sagen konnten. Dieser Satz lautete: „Was schaust Du so?“ Ich fand diese Worte genial und ich warf sie immer wieder ein und manchem Zuschauer vor die Füsse. Ich sprach, ohne zu überlegen, ob es zu brutal, zu offen, zu ehrlich war. Ich schöpfte aus dem

Vertrauen auf den göttlichen Beistand, den ich am Nachmittag angerufen hatte. Ich beschrieb meine psychische Beeinträchtigung und meine Krebserkrankung. Ich wollte aufrütteln, provozieren, meine Verzweiflung und Ratlosigkeit sowie meine Todessehnsucht aus mir heraus schleudern. Genau das waren die Projekte, die ich brauchte, um meine Botschaft zu senden, zu verbalisieren. Dazu musste ich aber engagiert werden, denn es gab nirgends eine Adresse, unter der man Anschluss zu Veranstaltungen für beeinträchtigte Menschen finden konnte.

Dankbarkeit und gleichzeitiger Zusammenbruch

Nach diesem Auftritt war ich dankbar, überwältigt. Ich musste aber eben die richtigen Leute kennen. In der Zeit zwischen Weihnachten 2017 und Neujahr 2018 fiel ich in eine schwere Krise. Ich kann mich noch erinnern, dass ich an einem grossen Puzzle sass und mir meines Einsiedlertums bewusst wurde. Ich brauchte die Einsamkeit, die Ruhe, die Zurückgezogenheit. Ich brauchte aber auch die Möglichkeit, mitten im Leben meine Botschaft der Lebenserfahrungen weiter zu geben. In diesem Moment wurde mir mein Dilemma so richtig bewusst. Wenn ich hier in unserem Haus vor einem Puzzle sass, so kam ich sicher nicht mit den Menschen in Kontakt , die mich vermitteln konnten. War ich vielleicht in einem Café, dann sah ich es niemandem an, ob dieser Mensch gegenüber am nächsten Tisch vielleicht jemand war, der Menschen zu Veranstaltungen vermittelte. Ich sehnte mich unglaublich nach mehreren Möglichkeiten, mich zu outen. Ich musste mich aber auch schützen, war Eremitin. Als mir dieser

Kontrast, dieser Widerspruch bewusst wurde, brach ich in Tränen aus und rutschte in eine abgrundtiefe Verzweiflung. Wie sollte ich Menschen finden, die mich weiterhin engagierten, wenn ich mich ausserhalb der Werkstatt in Muttenz versteckte? Es war ein absolutes Dilemma. Ich wusste von meinen Gedichten und von den vielen schon gehörten Rückmeldungen, dass ich so viel in mir hatte, das ich heraus schreien wollte. Ich hatte in der Werkstatt mehrere Gedichtbüchlein veröffentlicht, aber diese alle waren Besitz der Werkstatt. Zwischen Muttenz und der Werkstatt waren höchstens Begegnungen mit Freundinnen zum Abendessen oder im Café zu einem Stück Kuchen oder zu einem Coup. All dies vermischte sich mit meiner Krebserkrankung. Wie viel Zeit hatte ich noch auf der Erde?

Eines Tages war wieder eine Nachkontrolle beim Gynäkologen fällig. Er wusste noch nichts von meinen Metastasen, hatte aber von manchen meiner Auftritte gelesen oder gehört. Zuerst zeigte er sich begeistert, dass ich so schöpferisch-kreativ war. Dann eröffnete ich ihm, dass bei einer Untersuchung Metastasen in Lunge, Leber und Knochen entdeckt worden waren.

Für meinen Gynäkologen war das ein grosser Schock. Er meinte, er habe doch die Nachkontrollen gemacht und die seien immer in Ordnung gewesen. Er war sehr berührt und vor den Kopf gestossen durch diese Nachricht.

Katharina war schon geraume Zeit im Röseren-Schulheim und hatte nach einer sehr schüchternen Anfangszeit Vertrauen zu Lehrern und Bezugspersonen gefunden. Natürlich erzählte sie im Heim über meine Krebserkrankung. Eines Tages erhielt ich von meiner Tochter ein SMS. Sie hatte mit einem ihrer Lehrer über meine Erkrankung gesprochen und er wünsche mir alles Gute. Natürlich schrieb ich meiner Tochter zurück und bedankte mich für die guten Wünsche. Dieser kurze Austausch hatte mich wirklich berührt.

Es gab immer wieder Gespräche mit meiner Tochter und allen Personen, die im Heim und in der Schule mit ihr zu tun hatten. Ich glaube, ich trug bei zwei dieser grossen Gespräche mein Kopftuch. Diese Gespräche erlebte ich immer wieder recht schwierig. Katharina wurde von einer Seite dargestellt, von der wir sie überhaupt nicht kannten. Sie wurde von allen Seiten gelobt wie sie ihre Ämtli erledigte. Eine neue Tätigkeit musste ihr nur einmal gezeigt werden und sie hatte diese begriffen. Ihre ganze Entwicklung und Selbständigkeit wurde hervor gehoben und gerühmt. Thomas und ich sassen daneben und verstanden in manchen Momenten die Welt nicht mehr. War das wirklich unsere Tochter? Da war von Ämtern die Rede, von anderen Tätigkeiten, die sie ohne Aufforderung machte. Unsere Tochter erlebten wir in Muttenz ganz anders. Ich denke, dass Katharina dies brauchte und auch heute braucht. Sie braucht anscheinend einen Ort, an dem sie so lebt, wie sie es will und sie jede Einmischung von uns ablehnt.

Natürlich hatte ich mit meiner Bezugsperson sehr viele aufwühlende Gespräche über meine Krebserkrankung geführt. Nach unglaublich vielen ringenden verzweifelten Gesprächen, in denen ich gehadert hatte zwischen der Tatsache, auf dieser Erde weiter leben zu müssen oder endlich sterben zu dürfen, machte meine Bezugsperson Klartext. Seine Worte waren etwa so: „Entscheide Dich nun endlich für oder gegen das Leben“. Zuerst dachte ich mir – „was will dieser

Schnösel eigentlich mir vorschreiben, der ist doch viel jünger als ich und hat keine Ahnung vom Leben". Dann aber rief ich die höhere Kraft an und entschied mich nach tagelangem Ringen für das Leben. Tage später wusste ich, dass diese Entscheidung richtig war. Mir fielen meine Kinder und Thomas ein, für die ich doch noch eine Weile da sein wollte, obwohl sich dies immer wieder in das Gefühl wechselte, dass ich eher da sein musste. Mir wurden meine Worte bewusst, die ich zu Gedichten formte und ich erkannte natürlich, dass ich meine Lebenserfahrungen auch weiterhin in Projekten Menschen näher bringen wollte. Ich war immer wieder auf einem so gewaltigen Seiltanz, das unter sich kein Auffangnetz hatte und war immer wieder von einer höheren, weisen Kraft weiter getragen worden, dass es mir – in mancher Rückschau – immer wieder klar wurde, dass diese höhere Kraft mit mir auf dieser Erde noch einiges vor hatte. Dieses Ringen in mir gehörte und gehört auch heute zu meiner Person dazu. Ich werde mir so oft der guten aber auch der dunklen Kraft bewusst, die beide wie die Atemluft unsichtbar das Leben durchfliessen. Gerade sensible Menschen spüren diese Kräfte manchmal wirklich grauenhaft stark.

Gerade wenn ich ein Gedicht schreibe und mich ganz klar auf die höhere Kraft besinne, dann wird mir schlagartig bewusst, welche unglaublich stark diese höhere Kraft wirkt, welche Bilder sie mir schenkt, welche Worte und wie ihr Dasein erst alles veredelt, was aus meiner Seele durch den Stift auf das Papier fliesst. Dann besteht für mich kein Zweifel, dass mein Platz noch hier auf der Erde ist.

Neue Gedichte schenken Befreiung und öffnen Seelen-Räume

Eines Tages fühlte ich intuitiv, dass ich Gedichte schreiben wollte zu jenem Thema, das in meiner Kindheit und auch heute noch für mich so wichtig war und ist. Es war das Thema „Schweigen“. Die Birke in unserem Garten hatte mich unter anderem dazu inspiriert. Wenn ich von der Werkstatt in Muttenz ankam, setzte ich mich gerne hinter unserem Haus auf einen Hocker und betrachtete die Birke, diesen wunderbaren Baum. Dieser helle Stamm und die hellgrünen Blätter. Die Zweige rauschten im Wind und für mich war es wirklich so, als würden sie miteinander flüstern. Da nahm ich einen Block und versetzte mich in meine Kindheit. Dort hatte ich mit den Wesenheiten hinter den Dingen so unglaublich viel lautlos gesprochen. Viele Bilder traten in den Vordergrund und ich begann zu schreiben. Ich stellte mir meinen geliebten Bodensee vor, mit dem ich auch in meiner Jugend so viel gesprochen hatte und liess alle Erlebnisse wieder wach werden. Mit der Zeit entstanden 31 Gedichte. Dies war für mich ein riesiges Geschenk. Am Anfang gestaltete ich aus dieser Gedichtsammlung kleine Gedichtbüchlein. Sie wurden handlich und klein und ich verband die Blätter mit einem gedrehten Wollfaden. Für mich waren die Worte in den Gedichten eine wunderschöne Befreiung. Es waren meine Erfahrungen, die ich hier weiter geben konnte. Ich schenkte auch meiner Nachbarin eines jener Büchlein. Sie war die einzige Nachbarin, mit der sich zeitweise ein zarter Austausch ergeben hatte. Thomas hatte mit seiner bodenständigen Art keine Probleme auch auf andere Nachbarn zuzugehen. Für mich war das weit schwieriger. Durch meine psychische Beeinträchtigung spürte ich einen Damm um mich herum und gleichzeitig die Angst in den Augen der Nachbarn.

Eines unserer Gespräche hatte uns zart verbunden, da wir festgestellt hatten, dass wir beide Brustkrebs gehabt hatten. Eines Tages erzählte ich ihr von meinen Metastasen und wie schwer es für mich war, IV-Rentnerin zu sein und an einem geschützten Arbeitsplatz zu arbeiten. Ich schenkte ihr eines dieser Gedichtbüchlein und sie kam bei unserem nächsten

Treffen begeistert auf mich zu. Sie war tief berührt von den Worten und den Bildern, die beim Lesen in der Seele entstanden. Sie war und ist schon viel mehr dem Leben zugewandt als ich. Sie inspirierte mich, das Gedichtbüchlein doch zu veröffentlichen. Bis zu jenem Zeitpunkt war ich gar nicht auf diese Idee gekommen. Durch meinen Verleger hatte ich nur mein erstes Buch „Mein Leben mit Psychose“ veröffentlicht. Ich mailte ihm die Datei der Gedichtsammlung und schrieb ihm die Worte dieser Nachbarin. Mein Verleger sah darin eine Möglichkeit, neben dem Erfahrungsbericht auch meine Lyrik den Lesern näher zu bringen. Er schrieb aber auch dazu, dass es womöglich nur eine kleinere Leserschaft ansprechen würde.

Zwischen den Chemotherapien wurden immer wieder bildgebende Verfahren wie z. B. CT gemacht, um den Stand der Metastasen zu untersuchen und um zu sehen, wie die Medikamente anschlugen. Es zeigte sich, dass sich die Masse der Krebszellen verringert hatte. Bei einem Kontrolltermin, bei dem ich nicht mehr sagen kann, wann dieser war, waren es 10%, bei einem nächsten 20% weniger Krebsmasse. Ich weiss noch, wie mir die Ärztin die für sie erfreuliche

Nachricht mir überbrachte. Ich sass da und fühlte mich völlig gleichgültig. Wieso sollte ich erfreut sein, wenn mein Leben wirklich verlängert wurde? Ich tat es nicht für mich, sondern nur für Thomas und die Kinder. Es waren wirklich komische Momente. Ich empfand überhaupt keine Freude.

Als ich in der Klinik Arlesheim über diese Reduktion der Metastasen erzählte, wurde ich gefragt, wo die Jubelrufe und die Freudensprünge blieben. Von mir wurde ein Ausdruck von Freude erwartet, den ich nicht in mir spürte. Noch vor einem Jahr hatte ich von meinem Hausarzt gehört – regeln Sie ihre letzten Dinge wenn es nicht besser wird – und nun sollte ich mich freuen? Alle um mich kämpften gegen die Krebszellen und erwarteten von mir, dass ich mich freute. Zu diesem Zeitpunkt sah ich noch keinen Anreiz, warum ich länger auf dieser Erde leben sollte. Ich hatte zwar vor Monaten die Kraft der Sterne in den Blumen wahr genommen, doch ich selber spürte immer wieder viel stärker die Schwere des Schicksals. Warum machte ich diese Behandlung? Ich ging zu den Chemotherapie-Behandlungen eher teilnahmslos. Ich liess mich behandeln. Ich liess es einfach geschehen.

Für meine eigene Person sah ich zu wenig Anreiz, noch länger hier auf dieser Erde leben zu sollen. Wenn mir Thomas erzählte, wie mein Gedichtbüchlein „Schweigen“ von vielen Menschen gelobt wurde, dann war das ein winziger Teil eines riesigen Kristalls. Es war ein kleiner Anteil von Leichtigkeit. Ich spürte keine Schmerzen. Die Metastasen waren wie ein Teil meines Körpers, der nicht zu mir selber gehörte. Ich legte mich bei den Untersuchungen auf die vorbereitete Liege und liess mich in die Röhre beim CT hinein schieben. Zwischen mir und dem Krebsgeschehen war wie ein Schnitt. Bei den Arztberichten wusste ich einfach, dass der Bericht erzählte, was in meinem Körper passierte.

Ich stehe zu weiteren emotionalen Seelen-Räumen

Nachdem ich dieses Büchlein für mehrere Menschen auf diese einfache Art gebunden hatte, merkte ich, dass da noch mehrere emotionale Räume waren, die ich beschreiben, zu denen ich stehen wollte. Diese Räume waren „Schwermut“ und „Verzweiflung“. Auch meinem Onkologen in der Klinik Arlesheim hatte ich das Schweigenbüchlein geschenkt und unter anderem einer onkologischen Ärztin, die eines Tages die Vertretung beim Gespräch machte. Sie wusste von mir, dass ich Gedichte schrieb und sie wusste um meine anderen kreativen Räume der Märchen und der Musik. Eines Tages trafen wir uns im Stiegenhaus und ich hatte während der Misteltherapie ein paar Gedichte geschrieben. Als ich ihr begegnete, las ich ihr eines vor und sie war begeistert. Als wir uns wieder trafen, schenkte ich ihr ein Schweigenbüchlein. Die Ärztin war dadurch tief bewegt. Das Schreiben war mir wirklich in die Wiege gelegt worden und ich *musste schreiben.*

Ich hatte mir angewöhnt – und war dazu von einem

Mitarbeiter der Werkstatt inspiriert worden – dass ich immer wieder nach Maria Stein ging. Dafür fuhr ich mit dem Tram nach Flüh und ging einen markierten Fussweg hinauf zur Kirche. Nachdem ich die Stille der Kirche genossen hatte und die unsichtbare Kraft sowie verstorbene Menschen aus der Verwandtschaft um Beistand und Begleitung gebeten hatte, leistete ich mir meistens noch ein Stück Kuchen in einem Gasthaus, das auf dem Areal lag. Wenn ich meinem Therapeuten davon erzählte, sagte er immer wieder und sagt es noch heute: „Geniessen Sie die Kuchen, Frau Kuhn, im Jenseits gibt es keinen Kuchen." Unsere Gespräche waren und sind tiefgründig, humorvoll und nicht selten auch schwarzhumörig.

Die Worte, die ich für die Themenbereiche „Schwermut" und „Verzweiflung" fand, waren für mich eine gewaltige Befreiung. Mit dem Schreiben dieser Worte hatte sich jene Türe geöffnet, um die ich in meiner Verzweiflung so lange gebetet hatte. Damals aber war mir dies noch nicht bewusst. Für mich war es ganz einfach ein Geschenk, die Erfahrungen meines Lebens, unter denen ich so lange gelitten hatte, zu beschreiben und vielleicht ein paar Menschen die

Augen zu öffnen, die jene Gefühlsbereiche auch kannten und nicht den Mut hatten, dazu zu stehen. Natürlich war ich von mir auf den Gedanken gekommen, meinem Verleger auch die Gedichtsammlungen von den Themen „Schwermut“ und „Verzweiflung“ zu mailen. Da wurde mir bewusst, dass in der Gedichtsammlung „Schwermut“ Worte standen wie Krebszellen, Metastasen, Chemotherapie. Ich realisierte, dass ich meinem Verleger noch kein Wort von meiner Krebserkrankung geschrieben hatte. Ein wenig Angst hatte ich schon. Wie würde er reagieren? Neben allen Tatsachen schrieb ich ihm auch einen Teil des Gedichtes von Rilke, in dem es um die Ringe geht. ....den letzten werde ich vielleicht nicht vollenden, aber versuchen will ich ihn... . Mein Verleger bedankte sich für meine Worte und zeigte sich bereit diese beiden Gedichtbändchen zu veröffentlichen. Er versuchte mir einfach noch einmal klar zu machen, dass meine Gedichte vielleicht nur eine geringe Leserschaft ansprechen würden. Ich war und bin meinem Verleger für seine Bereitschaft unglaublich dankbar.

Neuer Haarflaum und Austausch mit Studierenden

Als Thomas, unsere Tochter und ich im Urlaub auf der Insel Mallorca waren, merkte ich eines Tages, dass sich ein leichter Flaum eigener Haare unter dem Kopftuch gebildet hatte. Nach unserem Urlaub nahm ich nach einem Gespräch mit meiner Bezugsperson das Kopftuch ab und mehrere Menschen schauten mich befremdet an.

Im Schreiben dieses Manuskripts wird mir bewusst, was sich alles gleichzeitig oder etwa zur gleichen Zeit in verschiedensten Räumen abspielte. Das macht das Leben einerseits spannend, aber auch immer wieder unglaublich anstrengend.

Ich war weiterhin in jener Forschungsgruppe, in der wir das Buch über die Werkstatt geschrieben hatten. Wir hatten angefangen, unsere Erfahrungen vom Entstehen des Buches und über unser Leben als IV-Rentner an Studierende in Instituten für Sonderpädagogik weiter zu geben.

Wenn ich mich an die ersten Auftritte unserer Forschungsgruppe erinnere, so hatten wir uns Zettel vorbereitet, auf denen der Text stand, den wir vorlasen. Natürlich übten wir vor jedem Auftritt und bekamen mit der Zeit auch Sicherheit, eher frei zu sprechen und doch den Zettel in der Hand zu halten. Am Anfang war das nicht schlecht, doch mit der Zeit war dies für mich nicht mehr zufriedenstellend. Es war für mich nicht natürlich. Ich sagte das auch einmal. Irgendwann kam der Leiter der Gruppe mit der Sonderpädagogin auf den Gedanken, das Gespräch zu moderieren.

Trotz diesem nun flüssigerem Austausch durch die Moderation waren diese Besuche aber mit Stolpersteinen verbarrikadiert. Die Freude, nun mehr vor Menschen sprechen zu können wurde gebremst, da ich von unserem Leiter hörte, dass da sehr viel Vorarbeit nötig gewesen war. Ich weiss noch, dass ich unglaublich enttäuscht war, denn es war nicht Begeisterung, die von den Studierenden ausging. Unser Besuch löste eher Angst als Interesse aus. Wir stellten das lebendige Leben dar und die Studierenden hatten bis jetzt nur den dozierenden Menschen erlebt.

Zuerst musste Vorarbeit geleistet werden. Als ich das hörte, war ich unendlich enttäuscht. Ich hatte mir diesen Schritt viel einfacher vorgestellt. Eigentlich war vorgesehen, dass wir jeden Freitag zu den Studierenden mit je einem anderen Thema gehen sollten. Leider meldete sich niemand an. Die Studierenden waren ganz einfach überfordert.

Der Leiter des Projekts musste Verbindungen knüpfen, damit wir doch das eine oder andere Mal vor den Studierenden sprechen und uns austauschen konnten. In dieser Zeit schrieb ich Texte zu Themen, die ich bei Besprechungen aufschnappte.

Ich spürte sehr oft grosse Wertschätzung von den Mitgliedern der Forschungsgruppe. Am Anfang war der Austausch mit den Studierenden sehr harzig. Sie wussten nicht, wie sie mit uns umgehen sollten. Bei einem unserer Auftritte erzählte ich viel über Mitarbeitende der Werkstatt, die Werke entstehen liessen, die so manchen Fremden in Erstaunen versetzten.

Ich versuchte ihnen nahe zu bringen, dass die Fähigkeiten, die in einem Menschen schlummern, durch die Unterstützung der betreuenden Personen erkannt und gefördert werden, und dass diese Fähigkeiten so an die Öffentlichkeit gebracht wurden.

Auch provozierte ich sie mit meiner Krebserkrankung und mit einem Text über jene Menschen, die durch psychische oder physische Krankheit beeinträchtigt sind und von leitenden Fachkräften in ihren Fähigkeiten entdeckt werden mussten. Dabei nannte ich auch das Thema der Grenze. Ich nannte Menschen – natürlich anonym – die wegen einer kleinen Beeinträchtigung nicht mehr in der freien Wirtschaft arbeiten konnten und in der Werkstatt als – sehr provozierend bezeichnet – Abfall der freien Marktwirtschaft einen Arbeitsplatz im geschützten Bereich suchten. Es kamen aber auch Menschen zur Abklärung in unsere Werkstatt, die über die IV-Stelle ihr Leben neu gestalten mussten, da ihre vorige Arbeit nicht mehr möglich war. So manchen Text, den ich zu diesen schwierigen Themen geschrieben hatte, konnte ich vorlesen und zum Teil ergaben sich wertvolle Gespräche mit den studierenden Zuhörern.

Ein sehr berührender Videoclip und persönliche Worte

An einem Nachmittag sahen wir mit einer Klasse mehrere Videoclips an. Ein Clip berührte mich besonders. Darin wurde eine Schule gezeigt, in der ein Knabe war, der offensichtlich anders war. Die Mitschüler spürten, dass dieser Knabe die Fähigkeit hatte, zu trösten. Zu einem späteren Zeitpunkt erzählte ich, dass ich gerne in einer Zeit gross geworden wäre, in der die seelischen Anlagen der Menschen viel wichtiger waren als ihre Leistungen. Auch andere Mitglieder unserer Gruppe sprachen über ihr Leben, über die Schwierigkeiten der Schule und Erlebnisse, die das ganze Leben negativ beeinflussen konnten. Dies alles waren Themen, die jeder Mensch, jeder Studierende kannte und doch war es nicht einfach, die anwesenden Studierenden in einen Austausch zu bringen. Während einem dieser Gespräche wurde mir schlagartig bewusst, dass dies ein neuer Raum war, den mir das Leben eröffnet hatte. Ich sprach auch über meine Erfahrungen des Lebens wie über den Umstand der Selbstverleugnung, da ich damals in meiner

Jugend nicht gewusst hatte, dass ich anders war. Auch erzählte ich über meine psychische Beeinträchtigung und die Beeinträchtigung anderer Mitarbeitende der Werkstatt. Da spürte ich, dass ich sogar zu einem Teil Peer-Arbeit machte. Das Leben hatte mich hier her geführt und schenkte mir diese Momente, liess mich erkennen, dass ich nun Erfahrungen von Leid und Schmerz verwandelt als Trost und Botschaft weiter geben konnte. In solchen Momenten empfand und empfinde ich grosse Dankbarkeit dem Leben gegenüber.

Hier löste sich sogar die Todessehnsucht auf. Ich wollte nicht mehr aus dem Leben fliehen, sondern ich hatte das Gefühl, dass die quälenden Lebensfragen – warum ich so viele leiderfüllte Momente erlebt hatte – sich hier in einer Antwort auflösten. Als war für mich so, als sässe neben mir ein Engel, legte seine Hand auf meine Schulter und lächelte mir zu. Ich sprach Dinge und Wahrheiten aus, die ich als Kind schon in mir gespürt, geahnt hatte und die mir nun als Antworten geschenkt wurden. Dies war auch die Antwort auf die Frage, warum ich so viele Autounfälle überlebt hatte und das Leben mir so quasi zugeschrien hatte - „wir brauchen Dich noch, sieh dies doch endlich ein“. In

diesen Augenblicken war es mir auch, als wachte ich manchmal auf und sah mich auf einer Bühne und durfte Worte sprechen, die ich so lange verzweifelt in mir getragen hatte. Bis zu diesem Moment hatten so nie gepasst, waren sie wie verdrehte Puzzleteile erschienen. Trotzdem hatte ich immer wieder das Gefühl gehabt, dass diese Gedanken so viel Wahrheit in sich trugen. Und nun
passten die Worte und ich sprach sie aus und fühlte mich lebendig wie nie zuvor. Diese Worte, die ich nun aussprach, waren für mich so, als sei ich dafür berufen. Das Anders-sein hatte hier eine Auflösung gefunden. Nun verstand ich, warum alles sein musste. Damals hatte ich keinen Menschen, der mir helfen konnte, der mir Licht in so viel Leid und Verzweiflung leuchtete und nun durfte ich mich bekennen zu meinem Leben. Solche Erfahrungen, solche einzigartige Minuten veredelten den Moment. Mein Engel zeigte mir im Sprechen auf, warum ich dieses unglaublich schwierige Leben gelebt hatte und warum ich immer noch am Leben war. Die Vergangenheit war wie eine grosse Ouverture gewesen und hier war der Moment des Geschehens, der sich wie ein Wunder anfühlte.

Und dann klang das Erlebnis nach. Dann sprachen wir, die wir als Forschungsgruppe zu den Studierenden gesprochen hatten, über unsere Erfahrungen. Manchmal war es auch ein Nachklingen im Schweigen. Dann war der Alltag wieder da und dieses Erlebnis der Bühne war wieder vorbei. Mir war in diesen Augenblicken jedoch eindringlich bewusst geworden, wie viel Kraft die Welt der geistigen Wesen in sich trug. Im Nachklang war grosse Dankbarkeit und das Bewusstsein, weiterhin in das Leben vertrauen zu dürfen.

In solchen Momenten habe ich das Gefühl, dass das Leben noch nicht vorbei sein kann. Wie oft schon hat sich ein Engel zu mir gesetzt und mir schwierige Phasen des Lebens erklärt, mir Geheimnisse offenbart und mir die Einmaligkeit dieses Lebens näher gebracht.

Ein medizinisches Wunder und die Fragen meiner Tochter

Ich kann nicht mehr sagen, wann der Onkologe der Klinik Arlesheim zum Gespräch herein kam und mir erzählte, ich sei für ihn ein medizinisches Wunder. Er erzählte mir den Satz, den er sich gedacht hatte, als er mich zum ersten Mal sah – „die macht nicht mehr lang“. Und nun lebte ich immer noch. Da erzählte ich ihm von den Worten meiner Bezugsperson und meiner Entscheidung „für das Leben“. Da sagte der Onkologe sehr klar, dass man genau das merke. Er sagte auch, dass mich das Schreiben am Leben erhalte. Die Ärzte hatten mir ja im Februar nicht mehr als ein halbes Jahr gegeben und nun war schon mehr als ein Jahr vergangen und ich lebte immer noch und hatte durch die Misteltherapie keinerlei Schmerzen. Ich fühlte mich auch nicht krank. Ich spürte zwar, dass mir die Chemotherapie immer wieder Kraft entzog, aber ich konnte Radfahren, im Garten arbeiten, mit meiner Tochter Tischtennis spielen. Ich spürte, dass mich das Schreiben aus der Tatsache der krebserkrankten Frau heraus zog. Meine Krebserkrankung stellte mich immer wieder gegen eine Wand und zwang mich, meine inneren Bilder „pur“ mit meinem Stift auf Papier zu bekennen. So sehr ich auch immer wieder wünschte, dass dieses innere Ringen, das ich in Gedichten bekannte, ein Ende fand, so sehr spürte ich die Einmaligkeit der Botschaft, die ich weiter geben durfte und musste. Es war immer wieder die Botschaft des Anders-seins. Es war das Bekenntnis, als Grenzgängerin schon seit meinem ersten Atemzug bei der Geburt auf einem Hochseil zu balancieren und nicht zu wissen, ob dieses Seil hielt oder ob es riss. Ich wusste auch nicht, ob mich die Dunkelheit wie in der grossen Psychose wieder verschluckte. Ich glaube aber, dass dieses existentielle Gefühl alle Menschen kennen, die quer zum Leben stehen und doch jeden Tag atmen.

Wenn ich in der Nacht in den Sternenhimmel sehe, dann denke ich an die Menschen, die besonders, ja wirklich anders sind und bereits verstorben sind. Wenn ich an sie denke und sie bitte, mir Kraft und Wärme zu schenken und bei mir zu sein, dann spüre ich sie nachts neben mir. Ich bin überzeugt, dass diese verstorbenen Menschen mir dann auch wirklich nahe sind. Dann bekenne ich mich immer wieder dazu, dass ich dieses Leben – trotz aller einzigartiger Momente – doch immer weniger aushalte. Ich habe aber doch das Gefühl, dass die von uns gegangenen Menschen ganz in unserer Nähe sind, wenn wir an sie denken oder sie um ihren Beistand anflehen. Es ist genau diese Widersprüchlichkeit, die ich immer wieder in mir spüre. Aus der einen Seite die Einmaligkeit des Lebens, die vielen Momenten, in denen ich Bekenntnis meiner Erfahrungen ablegen darf. Auf der anderen Seite die Alltäglichkeit, die mir ihrer ganzen Wucht meine Seele überschwemmt und ich mich davor zu verstecken versuche hinter meinen Puzzles, den Gedichten verstorbener Dichter oder den schweigenden Gesprächen in der Natur.

Als ich meinen Sohn fragte, wie es für ihn gewesen sei, als er im Jahre 2007 erfahren habe, dass ich Brustkrebs habe, konnte er gar nichts dazu sagen. Ich denke, er war einfach noch zu klein. Meine Tochter hat meine Erkrankung wahrscheinlich gar nicht wirklich mit bekommen. Als ich Johannes dann fragte, wie es gewesen sei, als ich die Diagnose der Metastasen erhalten habe, sagte er, er sei schon erschrocken. Als meine Tochter diese Botschaft hörte, war sie voller

Fragen. Damals ging sie noch zu jener Frau, die kreativ-therapeutisch mit ihr arbeitete. Sie sprach mit den Betreuenden des Röseren-Schulheimes, sie sprach mit Thomas darüber – aber mit mir darüber zu sprechen – das war zu nah für sie. Ich aber hätte so gerne mit ihr darüber gesprochen. Viele Menschen sagten mir, wahrscheinlich wollte Katharina mich nicht verletzen. Vor allem hatte sie mich als Bezugsperson verloren, als ich von Muttenz ausgezogen war und jetzt hatte sie Angst, mich ganz zu verlieren, wenn ich vielleicht bald an den Metastasen sterben würde.

Ihre Fragen an Thomas waren ganz klar – wie lange lebt das Mami noch? Erlebt sie noch ihren nächsten Geburtstag? Kommt sie noch mit in die nächsten Ferien oder ist sie dann schon tot? Zwischen meiner Tochter und mir aber war ein Graben des Schweigens und ich konnte nicht über diesen Graben gelangen.

Es sind aber auch andere Themen vorhanden, die ich von Thomas erfahre und die mir einen Stich im Herzen versetzen und sehr schmerzhaft sind. Zum Einen ist für meine Tochter das Mami viel wichtiger als der Papi. Ich war aber sieben Jahre lang weg. Da ist Katharina ganz klar in ihrem Urteil: „Das Mami muss nicht meinen, dass sie mir etwas vorschreiben kann – sie war sieben Jahre weg. Als Mami akzeptiere ich sie nicht mehr, aber als Person."

Diese Bemerkungen sind für mich so grausam und ich muss sie an eine höhere Kraft abgeben. Für mich heisst das da zu sein und mich gleichzeitig innerlich zurück zu nehmen.

Meine Tochter hat einen schrägen Humor, ich selber aber bin eher in der beobachtenden Schwermut und im Schweigen zu Hause. In vielen Momenten beobachte ich meine Tochter und das spürt sie. Dann stösst sie mich weg.

Ich muss hier bemerken, dass meine Tochter im Heim wohnt und dort unter Gleichaltrigen ist und im Vergleich erfährt, was andere Jugendliche mit ihrem Mami machen. Da ist auch die Tatsache, dass ich anderen Menschen Märchen erzähle und unseren Kindern niemals auch nur ein Märchen erzählt habe. Ich finde es sehr gut und wichtig, dass Katharina dies alles sagt. Es tut mir als Mami unglaublich weh.

Eines Tages wollte ich meiner Tochter ein Märchen

erzählen, aber sie möchte dies nicht von mir erzählt bekommen, sondern von einer aussenstehenden Person.

Die begeisterte Trommlerin

Daneben aber ist unsere Tochter eine begeisterte Trommlerin geworden. Früher, als noch der Fussball ganz im Vordergrund war, wäre sie nie bereit gewesen, in eine Mannschaft einzutreten und sich von Anführern sagen zu lassen, was sie tun müsse.

Schon als kleines Mädchen wollte sie immer trommeln und erhielt von uns eine kleine Trommel. Dann bettelte sie um eine richtige Trommel und Thomas machte ihr klar, dass sie dann in eine Clique eintreten müsse. Nach der Fastnacht 2015 war auf dem Barfüsserplatz ein Zelt aufgestellt, in dem interessierte Jugendliche schnuppertrommeln konnten.

Als Katharina das Trommeln erlernen und in einer Clique sein wollte, schaute Thomas, wie dies zeitlich am besten sei. Es kam nur die Gundeli-Clique in Frage, da Katharina damals schon im Röseren Schulheim war. Sie war die ganze Woche dort und kam am Freitag Nachmittag nach Hause.
Anschliessend konnte sie in diese Clique gehen.

Katharina trommelte und trommelt auch heute noch begeistert und mit viel Ehrgeiz.

In den Jahren 2016 und 2017 machte sie beim internen Preistrommeln mit. Sie übte wie eine Wilde und lernte in kürzester Zeit mehrere Märsche auswendig. Sie zeigte grosses Talent und wurde von den lehrenden Ausbildnern sehr gelobt. Beim internen Preistrommeln erhielt sie jeweils den 3. Platz. Dieses Jahr durfte sie erstmals in einer Clique mittrommeln. In den letzten beiden Jahren war sie im Vortrab. Ihr grosses Ziel war es daher, in einer Clique mitspielen zu dürfen.

Nun noch einige Worte zu unserem Sohn. Er war schon als Kind anders und fiel immer wieder auf durch seine grosse Langsamkeit und sein Abschweifen in eigene Welten, aus dem er wieder zurück geholt werden musste. Dieses Abschweifen ist auch heute noch der Fall. Er ist mittlerweile 20 Jahre alt. Er arbeitet immer noch im landwirtschaftlichen Betrieb Sonnhalde in Gempen. Eine mögliche Lehre müsste von der IV-Stelle finanziert werden. Gott sei Dank haben wir vor wenigen Wochen diese Zusage erhalten.

Wenn wir in unserem Garten sind, kann uns Johannes unglaublich viel über die Pflege von Pflanzen und ihre Besonderheiten erzählen. Bei einem Elternnachmittag mit Möglichkeit der gemeinsamen Aussprache hat uns unser Sohn durch alle Ateliers geführt. Es ist wirklich schön, wie wohl er sich in diesem Umfeld fühlt. Noch wohnt er in einer WG für Autisten in Riehen. Dort wird er um sechs Uhr angerufen und hätte genügend Zeit, um zwanzig nach sechs Uhr auf das Tram zu gehen. Manchmal aber schläft er wieder ein. Wir haben die Betreuer der WG gebeten, ob sie nicht noch einmal anrufen könnten – einfach um sicher zu gehen, dass Johannes wirklich aufgestanden ist. Dazu waren die Betreuer leider nicht bereit, da sie eine gewisse Selbständigkeit voraus setzen. Nun hat er aber eine andere WG in Aussicht, die in Äsch ist und somit viel näher bei seinem Arbeitsplatz liegt. Dort hat er bereits geschnuppert. Jeden Tag ist er mit einem anderen Bewohner der WG, der auch im Betrieb Sonnhalde arbeitet, zu seinem Arbeitsplatz gefahren. Zur allgemeinen Freude war unser Sohn jeden Morgen pünktlich bei der Arbeit. Von seiten der Betreuer als auch von unserem Sohn ist ein Übertritt möglich.

Leider besteht die Organisation „Leben in Vielfalt“, der diese WG gehört, darauf, dass die Kündigungsfrist von drei Monaten eingehalten wird und die Betreuer der WG müssen sich fügen. Das würde heissen, dass unser Sohn wahrscheinlich bis zum Ende der Kündigungsfrist zu spät bei seinem Arbeitsort erscheint. Wir hoffen nun, dass sich doch jemand für das Zimmer, in dem unser Sohn noch wohnt, meldet und Johannes früher in die neue WG ziehen kann.

Als Thomas und ich eines Tages nach Riehen in die WG fuhren und unserem Sohn erklären wollten, was es heisst, von der IV-Rente zu leben, habe ich ihm gesagt:“Weisst Du Johannes, wenn ich von uns beiden spreche, dann erzähle ich immer wieder, dass wir von einer Galaxie im hintersten Weltall stammen, die noch gar nicht entdeckt worden ist“. Darauf hat mein Sohn gesagt: „Mami, ich finde es schön, dass Du Deine Schwierigkeiten mit Humor löst“. In solchen Momenten sehe ich uns als Gleichgesinnte und ich muss innerlich lächeln.

Unser Sohn hat sich aber auch eine eigene religiöse Weltansicht aufgebaut. Er zeigt sich immer wieder als sattelfest in der Bibel und kann Bibelsprüche rezitieren und sie in Zusammenhang bringen mit Ereignissen, die auf der Welt geschehen. Er möchte das Urchristentum entdecken. Er hat schon eine Abhandlung geschrieben, wieso für ihn sein Glaube an Gott wichtig ist. Als ich ihn einmal um seine Hilfe bei Schwierigkeiten mit meinem Drucker gebeten habe und dies ein Samstag gewesen wäre, hat er mir ganz klar geschrieben, am Samstag würde er mir nur nach der Dämmerung bei elektronischen Geräten helfen oder am Sonntag. Er hat sich die Tatsache erarbeitet, dass am Sabbat nicht gearbeitet werden sollte.

Ein Sozialarbeiter vom Sozialdienst Muttenz hat sich sowohl für Katharina als auch für Johannes mit Herzblut und grossem fachlichem Wissen eingesetzt. Dabei ging es bei Johannes um die Anmeldung bei der IV-Stelle und bei Katharina um die Frage bei der IV-Unterstützung bei ihrer Lehre in der Eingliederungsstätte Baselland in Liestal Sowohl Thomas als auch ich sind diesem Sozialarbeiter sehr dankbar, der diese entscheidenden Anmeldungen und Abklärungen ins Rollen brachte. Thomas hat immer wieder sehr betont, dass er diesem Menschen ganz vertrauen konnte und wie dankbar er dafür war und ist. Thomas musste nur ein Telefon machen und erklären, welchen Brief, welches Schreiben er erhalten hatte und schon wusste der Sozialarbeiter, was zu tun war und regelte alles.

Meine neue Ärztin, Untersuchungen und Strahlentherapie

Ich kann nicht mehr sagen, wann genau mich jene Ärztin übernahm, die mich heute noch begleitet. Damals war ich noch ambulant bei ihr im Unispial Basel. Ich erzählte ihr von meiner Todessehnsucht, meinen Gedichten und dass ich Märchen erzählte. Auch erklärte ich ihr meine verdrehte Situation – eigentlich machte ich die Krebsbehandlung für meine Familie. Wenn sich der Zustand der Krebszellen verbesserte, dann nahm ich dies ohne emotionale Beteiligung hin. Ich erzählte der Ärztin auch, dass ich Gedichte rezitierte und aus den unsichtbaren Welten heraus lebte. Sie verstand alles und meinte, dieser Weg sei spannend aber auch anstrengend und sie würde mich gerne darin begleiten.

In regelmässigen Abständen wurden immer wieder Untersuchungen gemacht. Oft waren es CT mit Kontrastmittel. Ich trage inzwischen einen Port. Dies ist eine Membran, die bei mir unter meinem rechten Schlüsselbein unter die Haut eingepflanzt wurde. Dies ist nun auch wieder etwa zwei Jahre her. Da meine linke Brust wegoperiert wurde, darf mir vom linken Arm kein Blut abgenommen werden. So musste mein rechter Arm her halten. Eines Tages wurde beschlossen, mir diesen Port einzupflanzen. Über diesen wird mir auch das Kontrastmittel über eine Nadel in den Körper gespritzt. Diese Untersuchungen sind unter anderem auch für die Krankenkasse notwendig. Die Medikamente, die ich erhalte, sind sehr teuer und die Krankenkasse möchte über den Verlauf der Behandlung informiert werden.

Bei einer dieser Untersuchungen wurden im Brustbein sehr viele Krebszellen entdeckt. Die Gefahr war sehr gross, dass das Brustbein brechen könnte. Es war durch die vielen Krebszellen ganz porös geworden. Ich wurde informiert, dass ich in so einem Fall starke Schmerzen hätte. Es wurde eine schwache Bestrahlung empfohlen. Gleichzeitig dazu wurde auch eine leichte Chemotherapie gemacht. Ich erinnere mich noch sehr klar, wie anstrengend diese Strahlentherapie-Sitzungen waren. Mein Therapeut erklärte mir, dass diese Strahlen die Lebenskraft angreifen würden. Über drei Wochen ging ich jeden Tag ausser Wochenende und Feiertage zu der Bestrahlung. In diese Zeit fiel eine Reise der Forschungsgruppe. Eigentlich wollten wir nach Serbien fliegen und dort Sonderpädagogen treffen. Es war geplant, dass ich mitfliegen würde. Ich hatte es auch vor. Je mehr ich zu diesen Sitzungen ging, umso mehr merkte ich, wie ich immer zittriger wurde. Es war, als würde mir Lebenskraft abgezapft. Etwa eine Woche vor unserer Abreise nach Serbien fühlte ich mich dermassen schwach in den Beinen und in den Füssen, dass ich kaum noch gehen konnte. Es war für mich ein Phänomen, wie stark diese Strahlen den Körper beeinflussten und wie stark ich spürte, dass diese Strahlen die Lebenskraft angriffen. Ich musste die Reise nach Serbien absagen. Zum Teil musste ich die Strahlentherapie auch als Patientin im Krankenhaus machen, da das Calcium im Körper zu hoch geworden war. Wie so oft überlagerten sich mehrere Ebenen des Lebens. Zuerst versuchte ich mir vorzustellen, dass ich die Reise doch machen könnte. Dann aber entschied das Schicksal. Mir wurde bewusst, dass ich am Tag des Abflugs schon am Morgen Strahlentherapie hatte und danach auf das Tram laufen müsste und erst noch am Bahnhof in Eile kommen würde, um rechtzeitig am Flughafen zu sein.

Dies machte mir einen Strich durch die Rechnung. Dazu hätte ich noch Angst gehabt, zu wenig zu trinken und der Aufenthalt in Serbien wäre kein Genuss für mich gewesen. So musste ich die Forschungsgruppe benachrichtigen und diese reagierte so warmherzig und verständnisvoll, dass mir die Tränen kamen. Ich konnte aufatmen und war unendlich dankbar.

Ich erfuhr bei der nächsten Sitzung, dass der Aufenthalt für alle sehr anstrengend gewesen sei und ich war dankbar, dass ich mich auf die Strahlentherapie beschränkt hatte. Es folgten dann jedoch noch die Stornierung des Flugs und ein Arztzeugnis für die Versicherung, aber dies konnte ich alles erledigen.

Wenn ich bei meinem Therapeuten bin, spreche ich immer wieder über meine Jugend. Uns beiden ist klar, dass ich damals nicht wusste, wie mit meinem Sein auf der Welt umgehen sollte. Der Umgang mit Menschen, mit dem irdischen Leben, war für mich so oft unglaublich fremd gewesen. Ich hatte als Kind mit den Wesenheiten gesprochen und wenn ich mit anderen Jugendlichen sprach, dann kam ich in

Zwischenwelten, in denen ich absolut nicht zu Hause war. Meine Hilflosigkeit wurde ausgenutzt und die Menschen lachten über mich. Ich konnte keine Grenzen aufzeigen und verlor mich immer öfter in Sackgassen. Es war einfach nur traurig und ich litt an der Unfähigkeit, die Worte in mir zu finden, die mir die Freiheit von diesen mutwilligen boshaften Spielen geschenkt hätten. Vor den Studierenden kann ich diese Erlebnisse heute verbalisieren und dies empfinde ich immer wieder als grosses Geschenk.

Machen Sie es bald

Wenn ich meinem Therapeuten von einer Reise erzähle – so z. B. nach Meersburg zu jenem Schlösschen, in dem die Dichterin Annette Droste Hülshoff gelebt hatte, so sagt mein Therapeut jedes mal – „machen Sie es bald, Frau Kuhn". Das gibt den Gesprächen eine Endzeitstimmung, von der ich gar nichts mit bekomme. Ich weiss was in meinem Körper vor sich geht. Ich habe aber keine Schmerzen. Dies gibt sicher enorme Lebensqualität, aber es macht meinen inneren Zustand etwas abstrakt. Bin das wirklich ich, aus dem diese Befunde heraus kommen?

Wir reden auch oft darüber, wie es sein wird, wenn ich diese Welt verlasse. Ich weiss von Büchern die Elisabeth Kübler-Ross geschrieben hat, dass der Mensch nach seinem Tod einen Lebensrückblick erlebt. Alles, was er in seinem Dasein erlebt hat, zieht als Panorama an ihm vorbei. Auch habe ich gelesen und gehört, dass der Verstorbene alle Momente erlebt, in denen er anderen Menschen Leid zugefügt hat. Er fühlt dabei die Schmerzen jener Menschen, denen der das Leid zugefügt hat.

Ich freue mich, wenn ich diese Welt verlassen darf. Diese Welt, in der ich – abgesehen von manchen Lebensphasen, in denen ich es geschafft habe, authentisch zu sein – mich nie wirklich heimisch gefühlt habe. Das Leben hat mir die Gabe geschenkt, mich durch das geschriebene Wort zu befreien. Durch Rückmeldungen von vielen Menschen weiss ich, dass meine Worte die Seele der Menschen berühren. Hätte ich diese Fähigkeit nicht mit in das Leben geschenkt erhalten, dann wäre ich sicher nicht mehr auf dieser Welt. Hätte ich meinen Therapeuten nicht als begleitenden Menschen an meiner Seite gehabt, dann wäre ich auch schon lange nicht mehr am Leben. Die Sinnlosigkeit und Trostlosigkeit hat sich oft so tief in mein Herz, meine Seele eingegraben, dass der Wunsch, meinem Leben ein Ende zu bereiten, nicht selten überdimensional gross war.

Bis es aber so weit ist und meine Seele in die geistige Welt eintritt, möchte ich ganz im Moment leben. Ich möchte versuchen, den Augenblick intensiv zu leben. Vor allem möchte ich versuchen, die Aufgaben, die mir das Leben weiterhin stellen wird, im Vertrauen auf die höhere Kraft – so gut es mir gelingt – zu erfüllen.

Vor wenigen Wochen waren Thomas, unsere Tochter und ich gemeinsam auf Mallorca im Urlaub. Ich habe ein Buch dabei gehabt, das mir mein Onkologe in der Klinik Arlesheim empfohlen hat. Es geht um die Stärkung der Selbstheilungskräfte. Darin war der Bericht von mehreren an Krebs erkrankten Menschen, die sich nur mit Misteltherapie behandeln liessen. Mir hat diese Entscheidung eingeleuchtet, da mir die Misteltherapie alle Schmerzen nimmt. Diese Entscheidung habe ich Thomas erzählt. Er hat gemeint, so eine wichtigen Entscheidung müsse er akzeptieren. Auch zwei anderen, mir nahe stehenden Menschen habe ich diese klare Entscheidung mit geteilt. Mein Therapeut hatte mir ja gesagt, ich solle ab jetzt nur noch das machen, was ich wolle und nicht das, was ich sollte. Dies schien mir in diesem Augenblick genau die richtige Haltung. Ich schrieb meiner onkologischen Ärztin meine Entscheidung und bat sie auch, dies zu akzeptieren und mich nicht anzurufen. Diese Ärztin, die mich ja als Patientin noch im Unispital Basel übernommen hatte, hat nun seit einigen Wochen ihre eigene Praxis und hat mir angeboten, zu ihr zur weiteren Behandlung in ihre eigene Praxis zu kommen. Da sich ein leises Vertrauensverhältnis aufgebaut hatte und mir diese Ärztin grosse Wertschätzung in meinem anders-sein entgegen bringt, habe ich mich entschlossen, mich weiterhin auch von ihr behandeln zu lassen. Sie hat mir inzwischen schon zwei meiner veröffentlichten Gedichtbändchen abgekauft und ist immer wieder sehr interessiert an meinen schriftstellerischen Projekten.

In der Klinik Arlesheim erzählte ich meine Entscheidung, aber mein Onkologe war gar nicht einverstanden. Er wurde so ernst und bestimmt, wie ich ihn davor nie erlebt hatte. Ich versuchte ihm zu erklären, ich könnte ja – falls die Misteltherapie nicht anschlage und sich mehr Metastasen bilden würden – später immer noch auf die Chemotherapie zurück kommen. Mein Onkologe erklärte mir mit Nachdruck, dass dann die Chemotherapie vielleicht nicht mehr anschlagen würde und ich dann nur noch wenige Monate zu leben hatte.

Nach diesen klaren Worten war ich wie vor den Kopf

gestossen. Meine Entscheidung hatte sich so wahr, so richtig angefühlt. In sass zwischen den Stühlen. In diesem Moment war ich zu keiner Entscheidung fähig. Ich wusste nur, dass ich Verantwortung trug. Nach der Misteltherapie rief ich die onkologische Ärztin in Basel an, bei der ich immer Chemotherapie habe. Sie war in Urlaub und hatte meine Karte noch nicht lesen können. Ich erzählte ihr meinen Gedankengang, das eben geführte Gespräch – und sie bestätigte die Aussage des Onkologen in Arlesheim. Meine grosse Angst war nun, da ich mich wieder umentscheiden musste, dass die Menschen, denen ich in den Ferien geschrieben hatte, nun enttäuscht waren und mich als wankelmütig ansahen. Die Ärztin war sehr froh, dass ich sie angerufen hatte, bevor sie meine Karte gelesen hatte. So war sie über den gesamten Hergang informiert. Natürlich lasse ich mich durch sie weiterhin behandeln. Die geplante Chemotherapie habe ich inzwischen erhalten.

In der Werkstatt erzählte ich alles meiner Bezugsperson und diese erzählte es dem Team. Er meinte, aus der Aussage meines Onkologen in Arlesheim wäre sehr drastisch ersichtlich, wie weit fortgeschritten meine Krebserkrankung sei. In aller Klarheit habe ich jenen Menschen meinen Gedankengang geschildert, die ich in den Ferien benachrichtigt hatte. Von mehreren Seiten wurde mir gesagt, dass diese Entscheidung ganz meine eigene Sache sei und ich die Meinung anderer nun stehen lassen musste. Nebenbei bemerkt haben jene Menschen meinen Gedankenumschwung nachvollziehen können.

Die Grenzgängerin in mir auf der Gradwanderung des Lebens

Eigentlich, wenn ich alles auf einen Punkt bringe, bin ich müde von den unendlich vielen schwierigen Momenten des Lebens. Wenn ich nur noch kurz zu leben hätte, dann wäre ich eigentlich nicht traurig. Ich wäre dann nur dankbar, wenn ich dieses Manuskript fertig und noch ausstehende Gedichtbändchen schreiben könnte.

Aber ich bin nicht allein. Ich habe Familie. Da ist Thomas, der den Austausch mit mir als seiner Frau braucht. Da sind meine Kinder. Meine Tochter, die sich bereit erklärt hat, nun ein erstes therapeutisches Gespräch mit meinem langjährigen Therapeuten zu führen. Dabei wird es über die schwierigen Jahre gehen, in denen ich getrennt gelebt habe und sie wird vielleicht auch die Krebserkrankung von mir – ihrem Mami – ansprechen. Da ist noch mein Sohn, der nächstes Jahr die Lehre in Gempen im Betrieb Sonnhalde beginnen wird. Das sind wichtige Ereignisse. Diese Menschen brauchen mich noch sehr.

Ich hoffe, dass Katharina eines Tages auf mich zu kommen wird und mit mir über die schwierigen Themen sprechen möchte.

All dies sind wichtige Momente und meine Anwesenheit ist von Bedeutung. Ich bitte immer wieder die höhere Kraft, dass sie mich stärkt. Ich bitte sie, dass sie mich stärkt, den oft sehr skurrilen und schwarzen Humor meiner Tochter auszuhalten. Vielleicht gibt es auch Augenblicke, in denen mein Sohn meine Anwesenheit, mein Dasein braucht. Sein Humor berührt mich immer wieder und ich finde es schön, wie er seinen Weg bisher gefunden hat.

Dieser Zwiespalt – der Wunsch, diese Welt zu verlassen und doch für meine Familie da sein zu müssen und Verantwortung zu tragen – ist in manchen Momenten kaum auszuhalten. Ich suche immer wieder die Ruhe, die mir Kraft gibt in der Gartenarbeit, im wortlosen Austausch mit unserer wunderschönen Birke, wenn ich nach Maria Stein wandere, welches ein Kloster in Basel-Land ist, nahe Verstorbene um ihren Beistand, ihre Begleitung bitte oder wenn ich Abendweisen auf meiner Geige spiele.

Ich habe die Möglichkeit erhalten, an einer Lesung teil zu nehmen, wo ich mein Anders-sein meiner psychischen und meiner Krebserkrankung verbalisieren kann. Dies gibt mir auch die Gelegenheit, aus meinen bisher erschienen Gedichtbändchen vor zu lesen. Dies ist für mich Geschenk und Herausforderung zugleich. Ich brauche die Menschen, zu denen ich sprechen darf.

Nach wie vor bin ich schmerzfrei. Ich habe dann in vielen Augenblicken den Eindruck, dass ich in eine Traumsequenz gleite, wenn ich zu Untersuchungen gehe oder einen Termin bei meiner Onkologin in Basel habe. Ich merke allerdings, dass mein Körper immer wieder von Schwächeattacken heim gesucht wird. Wenn ich ganz bewusst im Augenblick lebe und mich auch ganz bewusst in diesen Augenblick ziehe, dann spüre ich die gnadenlose Intensität des Seins und spüre gleichzeitig die schöpferische Kraft, die mich in meinen Gedichten, dem Erzählen von Märchen, dem Geigenspiel durch das Leben hindurch begleitet.

Unsere Kinder finden ihren Weg

Katharina wird eine Lehre zur Küchenassistenz in der Eingliederungsstätte in Liestal beginnen. Diese Entscheidung wurde so quasi in letzter Minute gefällt. An vielen gemeinsamen Sitzungen der Lehrer und Heimbetreuer war noch völlig unklar, wo Katharina einen Platz für eine Lehre finden würde. Ganz am Anfang, als Katharina sich noch gar nicht vorstellen konnte, im Röseren-Schulheim zu sein, wurde uns versichert, dass niemand auf der Strasse steht, sondern jeder, der von der Schule geht, eine Lehrstelle hat. In den letzten Sitzungen sass ich wirklich auf Nadeln und sagte dies auch grad heraus.

An einem der vielen Standortgespräche war jemand vom Berufsinformationszentrum Liestal dabei. Dieser legte uns ans Herz, für Katharina eine IV-gestützte Lehrstelle zu suchen, da sie in gewissen Belangen des Lebens ihre Schwierigkeiten hatte und immer noch hat.

Katharina hatte schon lange den Wunsch gehabt, im

Detailhandel mit Fleisch in der Migros oder im Coop zu arbeiten. Eine Schnupperlehre in einer Migros zeigte, dass Katharina für eine Lehre im Detailhandel mit Fleisch nicht fähig ist. Da fehlte einfach zu viel an Teamfähigkeit und natürlichem Zugang auf die Kunden. Die Betreuenden des Schulheims fanden, dass Katharina auch eine andere Lehrstelle anstatt Verkäuferin in Betracht ziehen könnte.

In der Eingliederungsstätte Baselland in Liestal wurde beschlossen, dass unsere Tochter auch in anderen Bereichen als im Verkauf schnuppern sollte. Nachdem sie eine Woche in der Hauswirtschaft und eine weitere Woche in der Küche geschnuppert hatte, war für Katharina klar, dass sie in der Küche arbeiten wollte, denn dort konnte sie wirklich mit Fleisch hantieren, Fleisch schneiden und vakuumieren. Nun sind wir sehr froh, dass das Zittern endlich vorbei ist und diese Lehre von beiden Seiten – von Seiten der Küche und auch von Katharina – mit Freude begrüsst worden ist. Trotz dieser klaren Entscheidung für die Küche war für die Mitarbeitenden der Eingliederungsstätte klar, dass diese Lehre von der IV-Stelle unterstützt werden musste. Das Auftreten von unserer Tochter und ihre

schulischen Leistungen klafften zu sehr auseinander. Der Mitarbeiter der IV-Stelle verlangte, dass Katharina zusätzlich zur IV-Abklärung eine auf Autismus machen sollte. Eigentlich überschlugen sich die Ereignisse damals und die IV-Abklärung wurde viel zu spät angesetzt.
Der Lehrvertrag war von allen Seiten bereits unterschrieben, bevor die IV-Abklärung beendet war. Seit dieser klaren Entscheidung hat unser Zittern ein Ende. Die IV-Stelle hat unserer Tochter den Auftrag erteilt, eine regelmässige psychiatrisch-therapeutische Begleitung zu beginnen, um ihr soziales Verhalten zu verbessern. Wie oben beschrieben, ist eine erste Sitzung mit meinem langjährigen Therapeuten schon geplant.

Bei unserem Sohn schaut es so aus, dass noch ein Jahr gewartet wird. Das nötige Interesse, das Fachwissen und die Selbständigkeit sind vorhanden. Johannes hat ein sehr langsames Tempo und muss immer wieder von gedanklichen Reisen in den Kosmos oder in seine eigenen Welten und Galaxien auf die Erde zurück geholt werden. Er ist aber am richtigen Ort. Das ist für uns sehr schön zu wissen. Wir vertrauen weiterhin auf die höhere Kraft, dass unsere Kinder ihren Weg finden werden.

Nach wie vor suchen Thomas und ich immer wieder Möglichkeiten, um uns in der Mitte zu treffen und aus zu tauschen. Auch Krimis sehen wir uns gerne an. Für mich ist das Leben nicht selten wie ein Krimi. Verschlungenste Fäden werden durch das Polizeikommando von einander getrennt und am Schluss ist die grosse Erleichterung, wenn sich ein Fall gelöst hat.

Das Schreiben hält mich am Leben

Seit einiger Zeit hat Thomas Altersdiabetes. Er muss dafür Medikamente nehmen und mit der Ernährung aufpassen. In gewissen Abständen hat er ärztliche Kontrollen. Sein Arzt fragt ihn dann zwischendurch immer wieder, wie es mir gehe. Heute war Thomas wieder bei der Kontrolle und er hat seinem Arzt gesagt, dass das Schreiben mich am Leben hält.

Wie ich oben schon erwähnt habe, sind in letzter Zeit mehrere Gedichtbändchen veröffentlicht worden. Meine Krebserkrankung hat mich ermutigt, zu allen Gefühlsbereichen zu stehen, die ich in mir wahrnehme und mit denen mich das Leben immer wieder konfrontiert. Auf dieser Ebene ist die Diagnose der Metastasen sicher eine grosse Herausforderung für mich gewesen und ist es weiterhin. Mein Verleger gibt mir die Möglichkeit alles Erlebte in die Form zu bringen, die ich als Bild und Wort durch die Intuition empfange. Manchmal habe ich ein wenig Angst was geschieht, wenn ich nichts mehr in mir spüre, was ich schreiben könnte. Eine Pflegekraft der Klinik Arlesheim hat mir bei der letzten Misteltherapie gesagt, dass sie sich das überhaupt nicht vorstellen kann. Das Leben hat mir diese Begabung geschenkt und ich werde jedes Wort, das mir weiterhin geschenkt wird, in die Welt hinaus tragen.

Ich denke, es wird meine Lebensaufgabe sein, diesen Seiltanz, diesen Grenzgang, wie ich ihn schon als Kind erlebt habe, auf allen Ebenen auszuhalten und zu gestalten. Es wird weiterhin ein Teil des Lebens sein, das Leben zu beobachten und die Kraft aus den unsichtbaren Welten zu tanken. Im Vertrauen auf die höhere Kraft wird mir dies immer wieder Räume eröffnen und mir die Kraft geben, dieses Leben in der Intensität zu leben, wie ich das bisher getan habe. Im Wissen um Gleichgesinnte und den Austausch mit Wesenheiten und hochsensiblen Menschen werde ich die Aufgaben erfüllen, die mir das Leben täglich vor die Füsse legen wird.